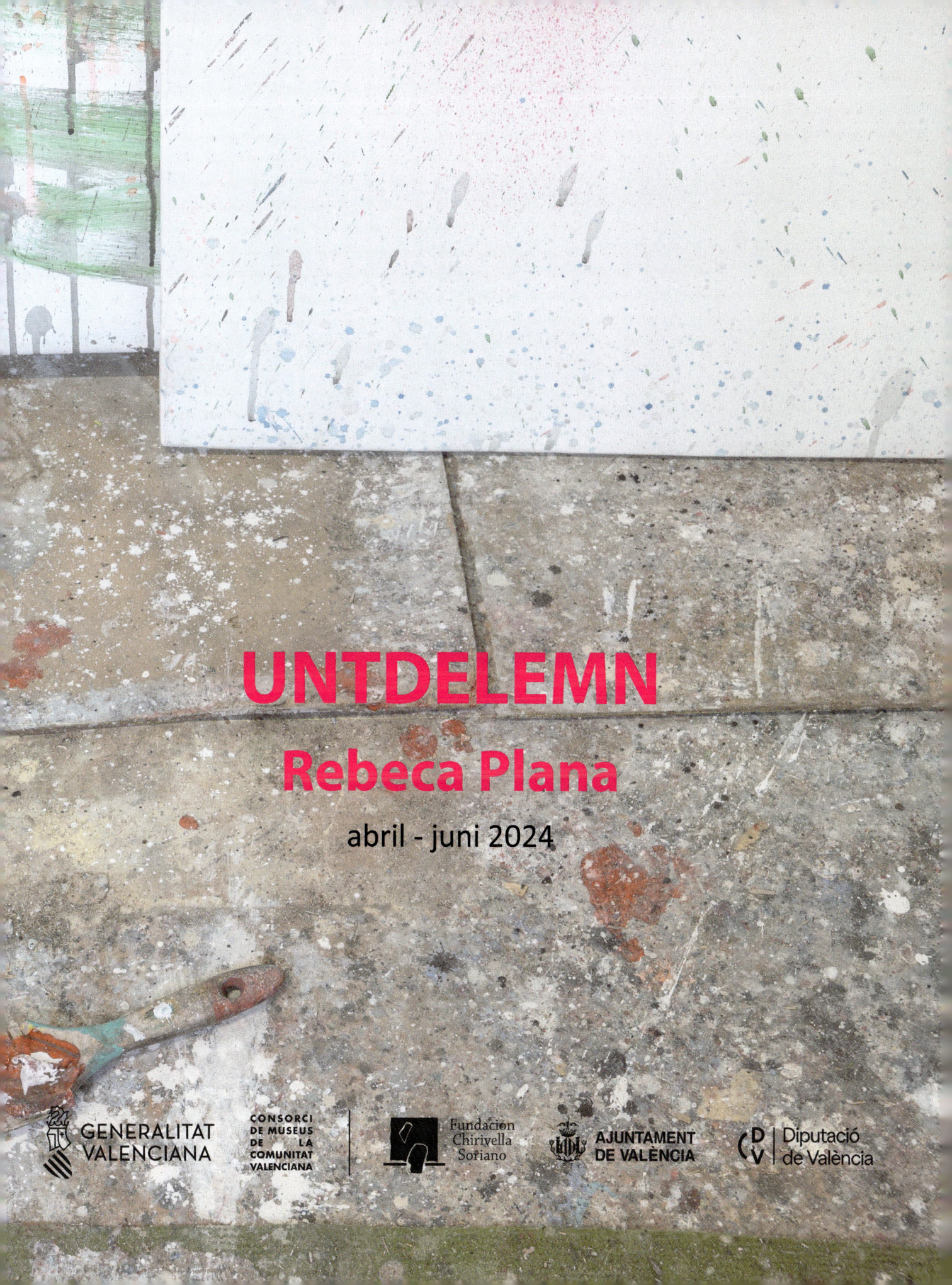

UNTDELEMN

Rebeca Plana

abril - juni 2024

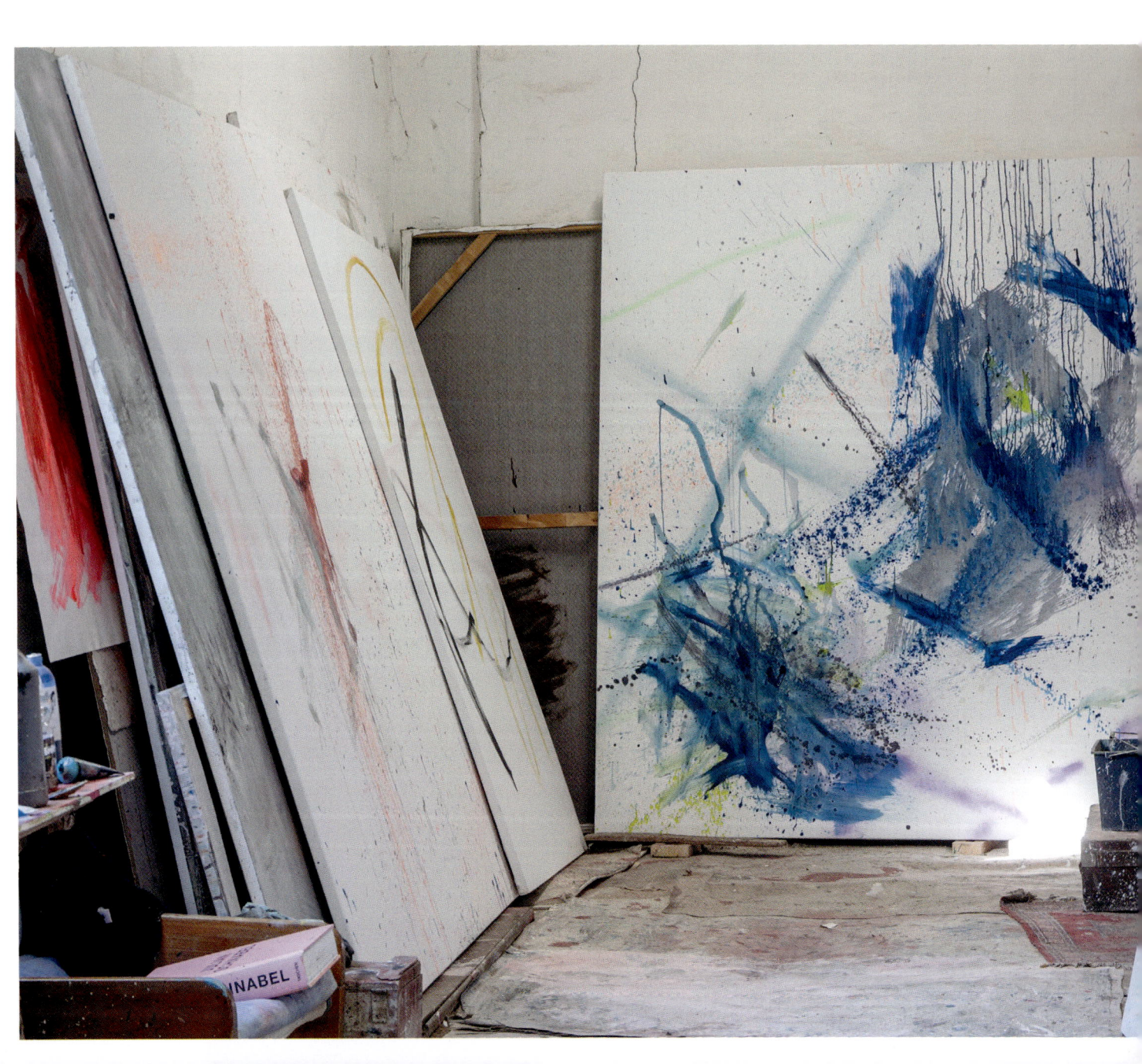

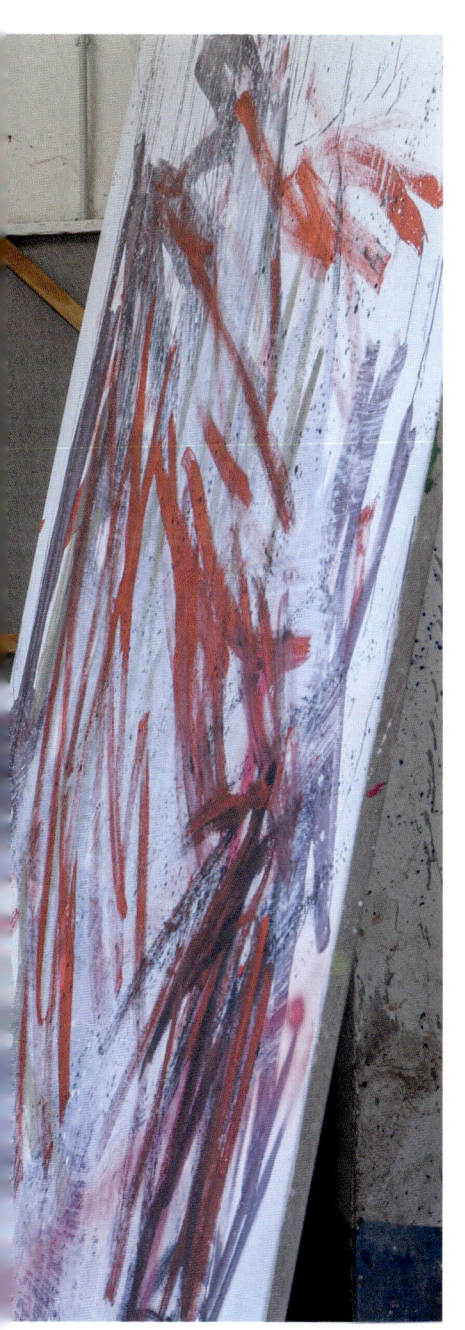

EL LUGAR DE LA EMOCIÓN

Toda forma de arte es una tentativa para racionalizar un conflicto de emociones en el espíritu del artista.

Robert Graves.

Desde el año 2008 el Convenio de Colaboración entre el Consorcio de Museos de la Generalitat Valenciana y nuestra Fundación ha propiciado que el quehacer y trayectoria de artistas valencianos se hayan analizado, catalogado y, por tanto, difundido.
Esa idea matriz, ese eje vertebrador ha generado magníficas exposiciones como la que ahora se dedica a la obra de Rebeca Plana, que recientemente participó en la muestra "Elles" organizada por el Ayuntamiento de Valencia y nuestra Fundación en el Museu de la Ciutat (Diciembre 2022-Febrero 2023), dirigiendo también uno de los talleres que tuvieron lugar, como actividad paralela, con alumnos de la Facultad de Bellas Artes en un local, propiedad del Ayuntamiento, y habilitado al efecto en el barrio de Velluters de nuestra ciudad.
Otros artistas de la misma generación como Mery Sales, Oliver Johnson, Juan Olivares y Nico Munuera han participado en exposiciones individuales o colectivas colgando sus obras en las paredes de este Palau.

Todo artista visualiza, siente y transmite lugares, colores, sensaciones, estados de ánimo. Son esas emociones del artista expresadas en una obra con las que se identifica el espectador que completa el ciclo receptivo de toda acción artística.

Carlos Cruz-Díez afirmaba que para que una obra de arte pueda califi-
carse de contemporánea *debe contemplar la creación de un aconteci-
miento en el que el diálogo espacio-tiempo reales esté presente.* (1)
Rebeca Plana vive y trabaja en Albalat de la Ribera, que en mis años
de notario rural en Almussafes visitaba regularmente, al no tener
notaria demarcada, guardando un grato recuerdo de un trato directo
con gente de bien intentando resolver sus temas jurídicos sin inter-
mediaciones muchas veces innecesarias. Firmaba las escrituras en
casa de Amadeo Estrelles que conocía a Rebeca Plana y a su familia.
Porque en Albalat de la Ribera todo el mundo conoce a Rebeca y vi-
sita su estudio rodeado de naranjos y limoneros, discurriendo el río
Xúquer a escasos metros del mismo.
Agua y naturaleza conforman un lugar: el lugar de Rebeca Plana.

Todo ser humano pertenece a un espacio, a unos lugares y a un tiem-
po. Esos lugares y tiempo, a su vez, también le pertenecen. Hablamos
de una doble y recíproca per-tenencia.
Estamos, por tanto, emplazados. Emplazamiento que es espacial (en
una "plaza", en un lugar) y temporal (en un "plazo", en un tiempo).
Este doble emplazamiento conlleva el imperativo de dar una respues-
ta, un testimonio en un determinado lugar y tiempo.
En esa incardinación, el artista trata de encontrar sus respuestas a tra-
vés de un lenguaje peculiar que se va transformando a la par en más
propio y que emerge tras un proceso reflexivo de introspección.
En las obras de Rebeca ese testimonio espacial y temporal es muy
evidente. En la exposición "Riu" en el Centro Cultural La Nau de la
Universidad de Valencia, sala Martínez Guerricabeitia (Noviembre
2019-Febrero 2020) *Rebeca reivindica el río, su Xúqer, el Júcar de la
Ribera Alta. La naturaleza sigue siendo fuente de inspiración , el ma-
terial que nutre al artista.* (2) Con esta palabras Martí Domínguez,

comisario de esa exposición, resalta esa cualidad de un lugar, de un entorno como elemento configurador de una respuesta artística. Para remarcar esa idea más adelante añade: *Allí aparece transustanciado por su pincel aquel mundo del bosque fluvial, aquella vegetación enmarañada, que es una metáfora de la propia vida de la artista. El río le aporta a Rebeca sensaciones, momentos de luz, instante de oscuridad súbita.*(3)

Parecida aportación sensorial operó en Fernando Zóbel cuando en los años setenta del pasado siglo realizó su conocida serie de óleos sobre el río Júcar a su paso por Cuenca.

En sus obras Rebeca Plana hace trascender su vinculación local a una dimensión universal creando un paisaje.

El elemento físico constatable: un río, árboles frutales, se torna en paisaje cuando *un ojo que contemple el conjunto genere un sentimiento que lo interprete emocionalmente.* (4)

Interpretación emocional, cúmulo de ideas, sensaciones y sentimientos, que el artista con su mirada desinteresada y estética hace posible la transformación *de lo que está delante en lo que se ve.*(5)

Una de las piezas de la exposición lleva por título "Landscape" aludiendo ese término anglosajón a las peculiaridades que definen a un territorio, a un lugar como modelo.

El modelo visualizado e interpretado por la mirada del artista se plasma en el lienzo o en el papel convirtiéndose en creación artística.

En Rebeca Plana esa traslación del intelecto al soporte es vertiginosa, audaz, imparable. Así lo expresa la artista: *Para mí la pintura tiene que ser rápida al igual que la vida misma: como cuando coges un metro y te lleva desde Plaza de España hasta Turia. La pintura tiene que ser también así, reflexionada o lo mejor desde casa, pero ejecutada muy rápidamente.* (6)

En varias ocasiones se declara pintora informalista con influencias del expresionismo norteamericano (Pollock, De Kooning etc). La pintura gestual de los "irascibles" de los años cincuenta del pasado siglo.

Gesto pictórico entendido como pulsión vital que surge del interior y cuya extensión es la mano que exterioriza un flujo de sentimientos y sensaciones.

En las obras de Rebeca Plana la tela es invadida con una furiosa vitalidad. El cuadro no es una superficie destinada a ser construida equilibradamente, sino sometida a una violenta estructuración.

El acto de pintar combina *instantes lúcidos donde la furia pasional puede verse compensada con el más activo control.* (7)

Control quizá más perceptible en sus últimas obras, especialmente en las que utiliza el papel como soporte, adivinándose un trazo más sutil, un gesto más meditado pero sin perder un ápice de esa mágica rapidez, de esa pulsión natural. También surgen ahora zonas de espacio vacío, sin invadir la pintura la totalidad del lienzo o del papel. Pero teniendo en cuenta que un espacio vacío vale ante todo por la ausencia de un contenido posible que seguramente el artista guarda en su interior.

En todo caso, cada cuadro de Rebeca Plana constituye un testimonio vital del hecho de existir, una forma de vivir, la única expresión de lenguaje.

Testimonio en color que representado en cada uno de sus cuadros nos traslada a experiencias cromáticas aparejadas a estados emocionales que no tienen racional explicación. Porque el color *constituye un fenómeno metonímico: una presencia que debido a la cercanía -a la contigüidad- con nuestros estados psíquicos, siempre remitirá la pupila del espectador, que no puede dejar de juzgar aquello que observa, hacia territorios sentimentales.* (8)

Cercanía cromática que activa la búsqueda de los verdes o la frecuencia en sus obras del naranja fluorescente. Otra vez la naturaleza, siempre tan próxima a su lugar de creación, como elemento inspirador. Rebeca Plana demuestra en cada pieza un dominio del color al entenderlo como una sensación, sin correlato objetivo, como *una más de aquellas formas en movimiento.* (9)

Los pintores somos creadores de sentimientos (10). Con esta aseveración Rebeca Plana trata de resumir el sentido profundo de su quehacer. Afirmación también aplicable al arte cuya función sea, tal vez, coger la vida y transformarla, mediante un proceso secreto y fascinante, en otra cosa: *algo relacionado con la vida pero más potente, más intenso y, preferentemente, más extraño.* (11)

El arte no sólo capta la emoción que entraña vivir. Su alcance es mayor: el arte es esa emoción.

Rebeca Plana siempre lo ha entendido así y cuando pinta en su *atzucac* de Albalat de la Ribera, su lugar, así nos lo transmite. Nos invita al lugar de la emoción, nos empuja a que el *arte viva en la vida misma.* (12)

Manuel Chirivella Bonet.
Presidente de la Fundación Chirivella Soriano C.V.

1.-Carlos Cruz-Díez. "Reflexión sobre el color". Editado por Fundación Juan March. Madrid (2009).

2-3.-Martí Domínguez. "Rebeca Plana Riu". Texto incluido en el catálogo de la exposición con el mismo nombre. Centre Cultural La Nau de la Universitat de Valencia. Sala Martínez Guerricabeitia. Valencia (2019-2020).

4-5.- José Luis Martínez Meseguer. "Paisaje. Algunos conceptos". Texto incluido en el catálogo de la exposición "Paisatges. Mirades contemporànies" en Museo de Arte Contemporáneo de Elche. Editado por el Insituto Municipal de Cultura de Elche (2009).

6-10.-Salva Torres. Entrevista con Rebeca Plana incluida en el catálogo de la exposición "Rebeca Plana. Riu". Centre Cultural La Nau de la Universitat de Valencia. Sala Martínrez Guerricabeitia. Valencia (2019-2020).

7.-Antonio Saura. Texto titulado "Espacio y gesto" incluido en el libro "Fijezas. Ensayos." Editorial Galaxia Gutenberg. Barcelona (1999).

8.-Carlos Marzal. Texto titulado "Los misterios del color nombrado" in-cluido en el catálogo de la exposición "Poesía y Color". Fundación Chirivella Soriano CV. Valencia (2012).

9.-Arthur Herbert Church. "Colours. An Elementary Manuel for Students". Editorial Casell. Londres (1907).

11.-Julian Barnes. "Con los ojos bien abiertos. Ensayos sobre arte". Editorial Anagrama. Barcelona (2018).

12.-Antonio Saura. Texto titulado "El sermón de La Habana" incluido en el libro "Fijezas. Ensayos". Editorial Galaxia Gutenberg. Barcelona (1999).

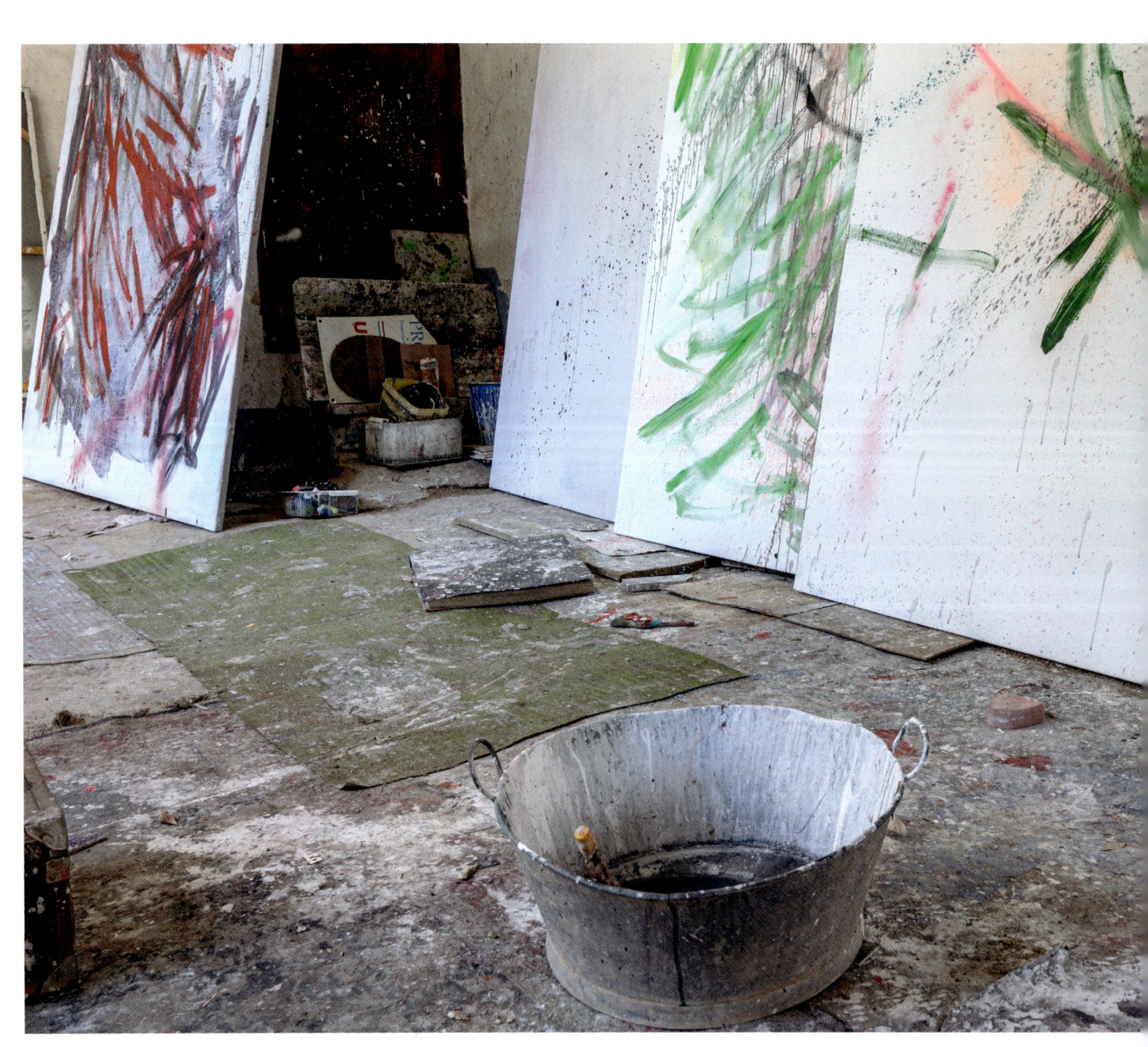

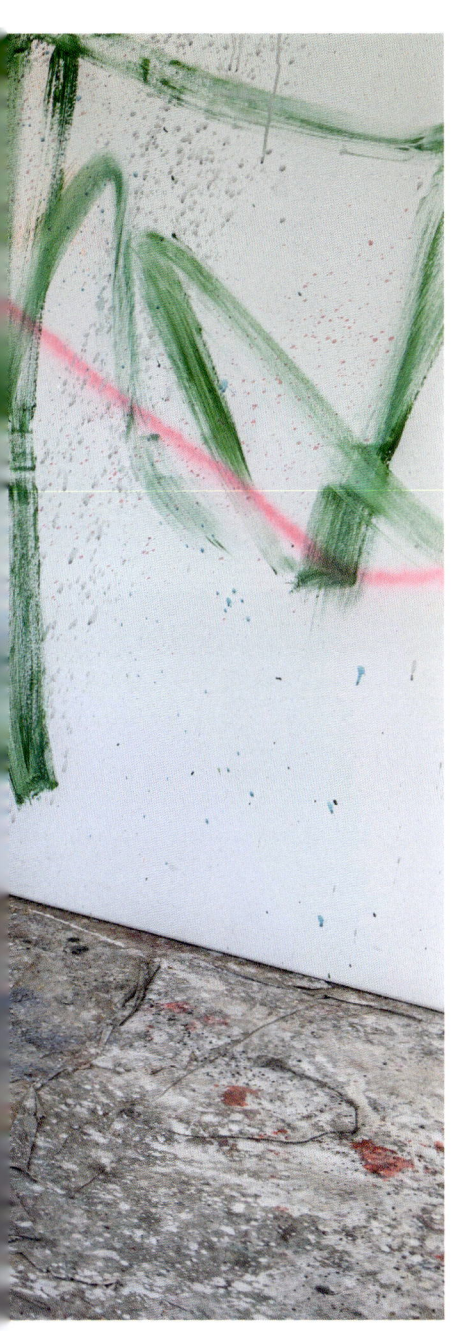

EL LLOC DE L'EMOCIÓ

Tota forma d'art és una temptativa per a racionalitzar un conflicte d'emocions en l'esperit de l'artista.

Robert Graves.

Des de l'any 2008 el conveni de col·laboració entre el Consorci de Museus de la Generalitat Valenciana i la nostra Fundació ha propiciat que el quefer i la trajectòria d'artistes valencians s'hagen analitzat, catalogat i, per tant, difós.

Eixa idea matriu, eixe eix vertebrador ha generat magnífiques exposicions com la que ara es dedica a l'obra de Rebeca Plana, que recentment ha participat en la mostra "Elles" organitzada per l'Ajuntament de València i la nostra Fundació al Museu de la Ciutat (desembre 2022-febrer 2023), dirigint també un dels tallers que van tindre lloc, com a activitat paral·lela, amb alumnes de la Facultat de Belles Arts en un local, propietat de l'Ajuntament, i habilitat a este efecte al barri de Velluters de la nostra ciutat.

Altres artistes de la mateixa generació com Mery Sales, Oliver Johnson, Juan Olivares i Nico Munuera han participat en exposicions individuals o col·lectives penjant les seues obres a les parets d'este palau.

Tot artista visualitza, sent i transmet llocs, colors, sensacions, estats d'ànim. Són eixes emocions de l'artista expressades en una obra amb què s'identifica l'espectador que completa el cicle receptiu de tota acció artística.

Carlos Cruz-Díez afirmava que perquè una obra d'art puga qualificar-se de contemporània *ha de contemplar la creació d'un esdeveniment en què el diàleg espai-temps reals estiga present.* (1)
Rebeca Plana viu i treballa a Albalat de la Ribera, que en els meus anys de notari rural a Almussafes visitava regularment, per no tindre notaria demarcada, del qual guarde un bon record d'un tracte directe amb gent de bé intentant resoldre els seus temes jurídics sense intermediacions moltes vegades innecessàries. Firmava les escriptures a casa d'Amadeo Estrelles que coneixia Rebeca Plana i la seua família.
Perquè a Albalat de la Ribera tot el veïnat coneix Rebeca i visita el seu estudi envoltat de tarongers i llimeres, on el riu Xúquer discorre a escassos metres.
Aigua i naturalesa conformen un lloc: el lloc de Rebeca Plana.

Tot ser humà pertany a un espai, a uns llocs i a un temps. Eixos llocs i temps, alhora, també li pertanyen. Parlem d'una doble i recíproca pertinença.
Estem, per tant, emplaçats. Emplaçament que és espacial (en una "plaça", en un lloc) i temporal (en un "termini", en un temps). Este doble emplaçament comporta l'imperatiu de donar una resposta, un testimoniatge en un determinat lloc i temps.
En eixa incardinació, l'artista tracta de trobar les seues respostes a través d'un llenguatge peculiar que es va transformant alhora en més propi i que emergix després d'un procés reflexiu d'introspecció.
En les obres de Rebeca eixe testimoniatge espacial i temporal és molt evident. En l'exposició "Riu" al Centre Cultural La Nau de la Universitat de València, sala Martínez Guerricabeitia (novembre 2019-febrer 2020) *Rebeca reivindica el riu, el seu Xúquer, el Xúquer de la Ribera Alta. La naturalesa continua sent font d'inspiració, el material que nodrix l'artista.* (2) Amb estes paraules Martí Domínguez, comissari

d'eixa exposició, ressalta esta qualitat d'un lloc, d'un entorn com a element configurador d'una resposta artística. Per a remarcar eixa idea més endavant afig: *Allí apareix transsubstanciat pel seu pinzell aquell món del bosc fluvial, aquella vegetació embullada, que és una metàfora de la mateixa vida de l'artista. El riu aporta a Rebeca sensacions, moments de llum, instant de foscor sobtada.*(3)

Semblant aportació sensorial va operar en Fernando Zóbel quan en els anys setanta del passat segle va realitzar la seua coneguda sèrie d'olis sobre el riu Xúquer al seu pas per Conca.

En les seues obres Rebeca Plana fa transcendir la seua vinculació local a una dimensió universal creant un paisatge.

L'element físic constatable: un riu, arbres fruiters, esdevé paisatge quan *un ull que contemple el conjunt genere un sentiment que l'interprete emocionalment.* (4)

Interpretació emocional, cúmul d'idees, sensacions i sentiments, que l'artista amb la seua mirada desinteressada i estètica fa possible la transformació *del que hi ha davant en el que es veu.*(5)

Una de les peces de l'exposició porta el títol "Landscape" en què al·ludix eixe terme anglosaxó a les peculiaritats que definixen un territori, un lloc com a model.

El model visualitzat i interpretat per la mirada de l'artista es plasma en el llenç o en el paper per a convertir-se en creació artística.

En Rebeca Plana eixa translació de l'intel·lecte al suport és vertiginosa, audaç, imparable. Així ho expressa l'artista: *Per a mi la pintura ha de ser ràpida igual que la vida mateixa: com quan agafes un metro i et porta des de la plaça d'Espanya fins a Túria. La pintura ha de ser també així, reflexionada o millor des de casa, però executada molt ràpidament.* (6)

En diverses ocasions es declara pintora informalista amb influències de l'expressionisme nord-americà (Pollock, De Kooning, etc.). La pintura gestual dels "irascibles" dels anys cinquanta del passat segle.

Gest pictòric entés com a pulsió vital que sorgix de l'interior i l'extensió del qual és la mà que exterioritza un flux de sentiments i sensacions.

En les obres de Rebeca Plana la tela és envaïda amb una furiosa vitalitat. El quadre no és una superfície destinada a ser construïda equilibradament, sinó sotmesa a una violenta estructuració.

L'acte de pintar combina *instants lúcids on la fúria passional pot veure's compensada amb el més actiu control.* (7)

Control potser més perceptible en les seues últimes obres, especialment en les que utilitza el paper com a suport, en què s'endevina un traç més subtil, un gest més meditat però sense perdre gens d'eixa màgica rapidesa, d'eixa pulsió natural. També sorgixen ara zones d'espai buit, sense envair la pintura la totalitat del llenç o del paper. Però tenint en compte que un espai buit val abans de res per l'absència d'un contingut possible que segurament l'artista guarda en el seu interior.

En tot cas, cada quadre de Rebeca Plana constituïx un testimoniatge vital del fet d'existir, una manera de viure, l'única expressió de llenguatge.

Testimoniatge en color que representat en cada un dels seus quadres ens trasllada a experiències cromàtiques aparellades a estats emocionals que no tenen racional explicació. Perquè el color *constituïx un fenomen metonímic: una presència que a causa de la proximitat -a la contigüitat- amb els nostres estats psíquics, sempre remetrà la pupil-la de l'espectador, que no pot deixar de jutjar allò que observa, cap a territoris sentimentals.* (8)

Proximitat cromàtica que activa la cerca dels verds o la freqüència en les seues obres del taronja fluorescent. Una altra vegada la naturalesa, sempre tan pròxima al seu lloc de creació, com a element inspirador.

Rebeca Plana demostra en cada peça un domini del color, ja que l'entén com una sensació, sense correlat objectiu, com *una més d'aquelles formes en moviment.* (9)

Els pintors som creadors de sentiments (10). Amb esta asseveració Rebeca Plana tracta de resumir el sentit profund del seu quefer. Afirmació també aplicable a l'art la funció del qual siga, tal vegada, agafar la vida i transformar-la, mitjançant un procés secret i fascinant, en una altra cosa: *una cosa relacionada amb la vida però més potent, més intensa i, preferentment, més estranya.* (11)
L'art no sols capta l'emoció que comporta viure. El seu abast és major: l'art és eixa emoció.
Rebeca Plana sempre ho ha entés així i quan pinta en el seu *atzucac* d'Albalat de la Ribera, el seu lloc, així ens ho transmet. Ens convida al lloc de l'emoció, ens espenta a *viure l'art en la vida mateixa.* (12)

Manuel Xirivella Bonet.
President de la Fundació Xirivella Soriano C.V.

1.-Carlos Cruz-Díez. "Reflexión sobre el color". Editat per Fundación Juan March. Madrid (2009).

2-3.-Martí Domínguez. "Rebeca Plana Riu". Text inclòs en el catàleg de l'exposició amb el mateix nom. Centre Cultural La Nau de la Universitat de València. Sala Martínez Guerricabeitia. València (2019-2020).

4-5.- José Luis Martínez Meseguer. "Paisaje. Algunos conceptos". Text inclòs en el catàleg de l'exposició "Paisatges. Mirades contemporànies" al Museu d'Art Contemporani d'Elx. Editat per l'Insitut Municipal de Cultura d'Elx (2009).

6-10.-Salva Torres. Entrevista amb Rebeca Plana inclosa en el catàleg de l'exposició "Rebeca Plana. Riu". Centre Cultural La Nau de la Universitat de València. Sala Martínrez Guerricabeitia. València (2019-2020).

7.-Antonio Saura. Text titulat "Espacio y gesto", inclòs en el llibre Fijezas. Ensayos. Editorial Galaxia Gutenberg. Barcelona (1999).

8.-Carlos Marzal. Text titulat "Los misterios del color nombrado" inclòs en el catàleg de l'exposició "Poesia i Color". Fundació Chirivella Soriano CV. València (2012).

9.-Arthur Herbert Church. Colours. An Elementary Manuel for Students. Editorial Casell. Londres (1907).

11.-Julian Barnes. Con los ojos bien abiertos. Ensayos sobre arte. Editorial Anagrama. Barcelona (2018).

12.-Antonio Saura. Text titulat "El sermón de La Habana" inclòs en el llibre Fijezas. Ensayos. Editorial Galaxia Gutenberg. Barcelona (1999).

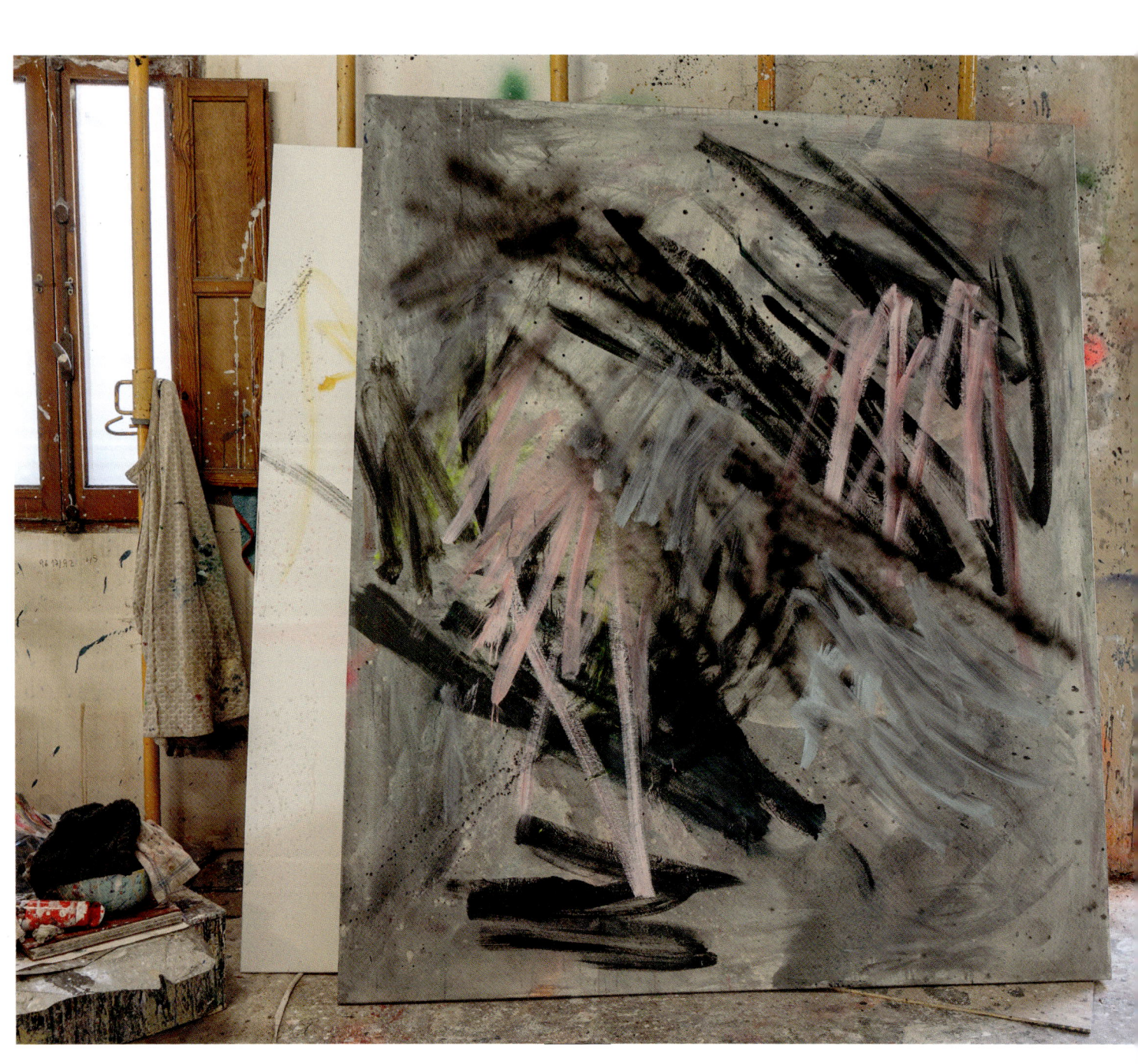

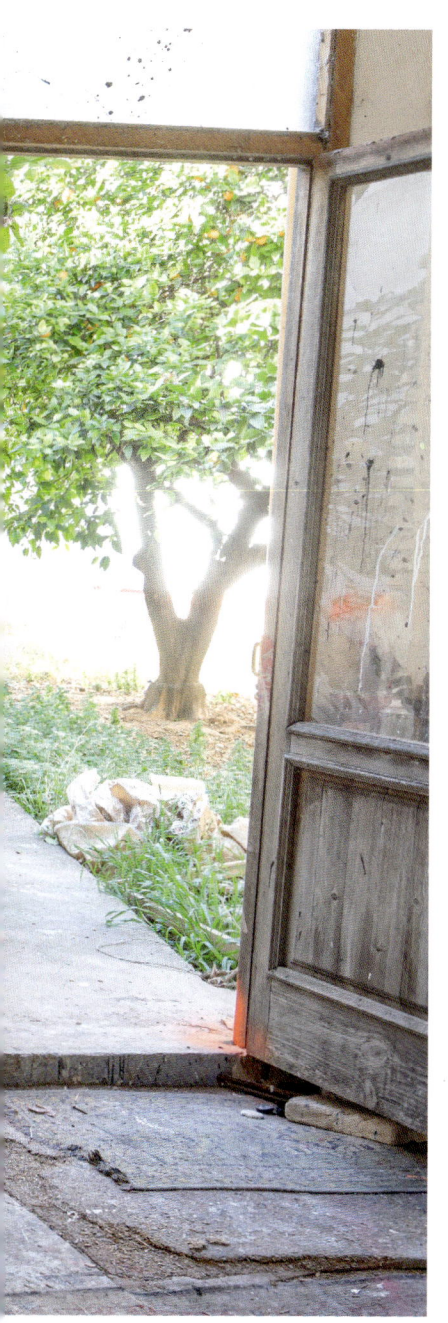

UNTDELEMN

"Todo lo que hago es pintar, incluso si no toco un pincel"
JANIS KOUNELLIS

Cuando Rebeca me comentó el título que había escogido para esta exposición, me pareció muy adecuado: "Untdelemn". No solo por la sonoridad del término, sino también por el significado que encierra. La palabra Untdelemn procede del rumano antiguo pero su origen etimológico se remonta al hebreo y se refiere al aceite más exquisito; de primera prensada. Tan preciado, que en ciertos ritos del judaísmo o del cristianismo es empleado como aceite sacramental y de purificación. Así, en el marco de esta exposición Untdelemn cobra un sentido espiritual, pues se convierte en una metáfora del acto de "pintar desde el alma". La pintura emerge como un bálsamo espiritual capaz de calmar y sanar adquiriendo también un sentido literal, pues es el óleo, el aceite que para Rebeca Plana, activa el sistema nervioso.

Ya el propio título de la exposición nos ofrece pistas sobre su contenido: se trata de un proyecto muy personal que nos introduce en el universo espiritual de Rebeca. La artista se encuentra en la actualidad en un momento de madurez biológica y mental, al que ha llegado tras superar una difícil situación en el plano personal. A ella misma le gusta recurrir a la metáfora del ave fénix pues al igual que este ser mitológico, ha resurgido de sus cenizas mucho más fuerte y renovada y se encuentra, como señala, en paz consigo misma. Esta exposición reúne alrededor de 60 obras, en su mayoría creadas en los últimos meses y específicamente para este proyecto, reflejando esta etapa vital que atraviesa la artista. Pudiera parecer a priori que las obras están dispuestas aleatoriamente, cuando en realidad existe una narrativa cohesiva que nos habla de la propia artista, su estado emocional y de sus aficiones personales. Como veremos más adelante, hay multitud de elementos que hacen referencia a su vida personal.

Pese a no hallar en su obra elemento figurativo alguno, la pintura de Rebeca rebosa de contenido. Al enfrentarse a un lienzo vacío, rara vez lleva una idea preconcebida, permitiendo que sus sentimientos guíen los trazos y las manchas y capturen ese impulso vital. Rebeca encuentra en su día a día los estímulos creativos que plasma a través del pincel - o de cualquier herramienta que tenga a mano-. En ocasiones, estos estímulos son sentimientos profundos, reflejan simplemente su estado de ánimo o la impresión que le causa un lugar, una persona o una actividad cotidiana. La música también desempeña un papel crucial en su proceso creativo; ella se define a sí misma como una gran melómana y muchos de sus cuadros se hacen eco de ello. Las largas horas que pasa en el taller, acompañada de su Labrador Pollock, lo hace a ritmo de Jazz, Rock español de los años 80 o como buena valenciana, música de la Ruta del Bacalao. En "Untdelemn" en particular, las notas de la música de Franco Battiato resuenan en sus pinturas, con canciones como *"Nómadas"* y *"La era del jabalí blanco"*, con las que ella se siente profundamente identificada y que incluso prestan su título a algunas de las series presentadas. Lo mismo ocurre con la literatura; no en vano "El alma está en Ítaca", -que es para ella el cuadro más significativo de toda la muestra- se basa en el poema escrito por el griego Konstantínos Kaváfis en 1911 y encierra, en esencia, su percepción de la vida, su propio viaje a Ítaca que simboliza, como no podía ser de otra forma, la pintura.

La historia del arte y el arte en sí mismo, se postula como otro de los principales temas en la obra de Rebeca. Por este motivo, en esta exposición, David Nash, considerado un artista puntero en la disciplina de Land Art, adquiere un protagonismo especial, no solo en presencia física, también por alusiones. Hemos dicho que Rebeca se sirve de la pintura como herramienta para expresar, entre otras cosas, sus sensaciones. Entonces, ¿qué sensación le produce el toparse con la obra David Nash? Rebeca siempre ha sentido una gran admiración por la escultura en bulto redondo, pero además, gracias a la influencia de un padre carpintero, valora enormemente cómo el escultor es capaz de infundir alma a un simple trozo de madera. Con todo ello, Rebeca ha creado una serie de obras en tela y papel, con su particular estética basada en enérgicos y dinámicos trazos, que resultan en un estilo opuesto al del escultor inglés y que sin embargo, logra alcanzar la armonía perfecta entre los dos creadores.

Además de por su contenido conceptual, "Untdelemn" destaca en el plano meramente formal, pues revela una abrupta evolución con respecto a su obra casi inmediatamente anterior. El resultado es una abstracción mucho más depurada, con unos trazos y pinceladas de color más sutiles y una paleta más reducida. Este cambio se evidencia al comparar sus obras más recientes, como "Nómadas", con la pintura más antigua de la exposición,"Landscape", realizada en 2021, que presenta un estilo mucho más barroco. Sin embargo, a pesar de haber ganado en depuración y en simplicidad, no se ha perdido ni un ápice de la esencia de la artista, aquello que la hace tan reconocible. Trazos, manchas, rayas, salpicaduras o goteo destacan como recursos de expresivos distintivos, que aplica de una forma muy particular, aunando por una lado la premeditación acerca la idea que quiere transmitir, junto con la improvisación a la hora de aplicar la pintura. Un tipo de ejecución que recuerda, en cierta medida a aquellos pintores Zen que tanto influyeron en el desarrollo de la pintura gestual americana, allá por los años 50 y que como es bien sabido, lograban fusionar en la pintura cuerpo, mente y espíritu. En consonancia también con la filosofía Zen, la exhibición refleja una tendencia hacia lo esencial y la simplificación, incluso en los soportes empleados. Rebeca prescinde de lo extravagante, empleando únicamente papel y tela de lino y dejando de lado otros elementos como los colchones, los metales o las puertas de nevera, que forman ya parte del pasado.

Además, la coincidencia temporal de esta muestra con el décimo aniversario de la exposición individual "Top Control", promovida también por el Consorci de Museus de la Comunitat Valenciana y que marcó un hito en la carrera de la artista, añade un significado especial a "Untdelemn". A lo largo de estos diez años, han sido numerosas las muestras en las que ha participado Rebeca, pero sin duda, como comisario destacaría "Begin the Beguine", un proyecto que realizamos en 2020 en el espacio de la galería Álvaro Alcázar en Madrid y que encuentra continuidad en esta exposición. En mi opinión, "Untdelemn" representa un punto de inflexión en el viaje de Rebeca, un momento crucial en su anhelo por alcanzar Ítaca.

Finalmente, no podemos más que agradecer a D. Manuel Chirivella por su incansable apuesta por promocionar el arte valenciano y su generosidad al brindarnos este espacio único. El Palau Joan de Valeiona, uno de los pocos ejemplos de arquitectura gótica civil valenciana, se erige como el marco perfecto para albergar estas obras. Además, tal y como se proclamó en su lema inaugural en 2005, es un "palacio sin puertas", abierto a público y artistas y donde según las propias palabras de la artista, se siente en casa. Asimismo, queremos expresar nuestro agradecimiento al Consorci de Museus, dependiente de la Comunitad Valenciana, por su compromiso continuo en la promoción del arte contemporáneo de artistas valencianos y por volver a apostar por Rebeca en esta ocasión. También a todo el equipo de trabajo, a Rafael Tejedor de la Fundación, a Isabel Pérez del Consorcio y a Carmen Fernández-Daza, de la galería, sin los cuales no hubiera sido posible. Esta exposición no solo ofrece una mirada profunda a la obra Rebeca, sino que también destaca la importancia de su obra en el panorama artístico contemporáneo. Desde su enigmático título, hasta la distribución de las obras, cada aspecto de esta muestra nos sumerge en el universo espiritual y emocional de la artista. Rebeca Plana nos invita a un viaje íntimo a través de su vida, sus emociones y sus inspiraciones, revelando una evolución artística marcada por la madurez y la superación personal.

Álvaro Alcázar Gamarra
Madrid, abril 2024

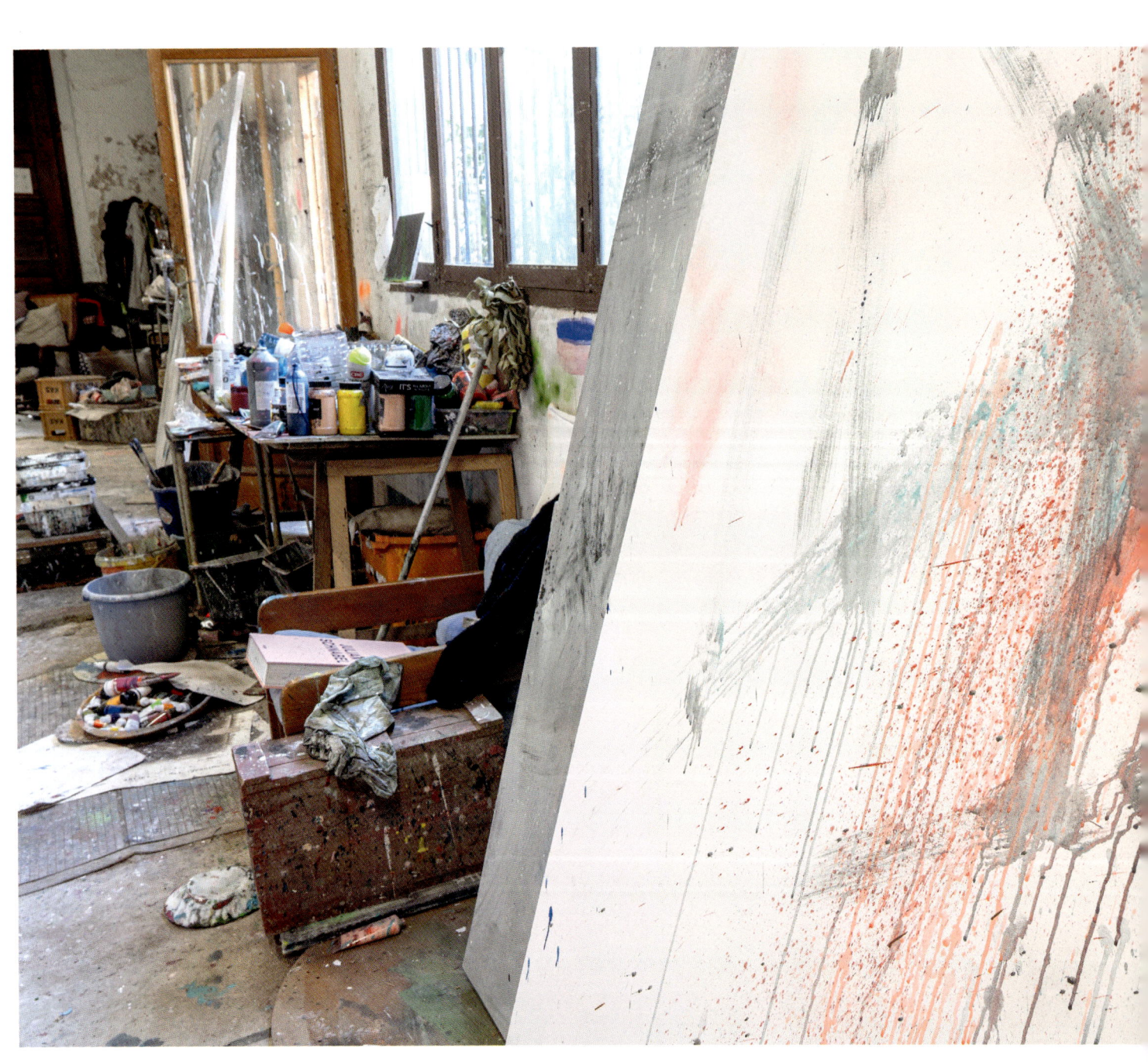

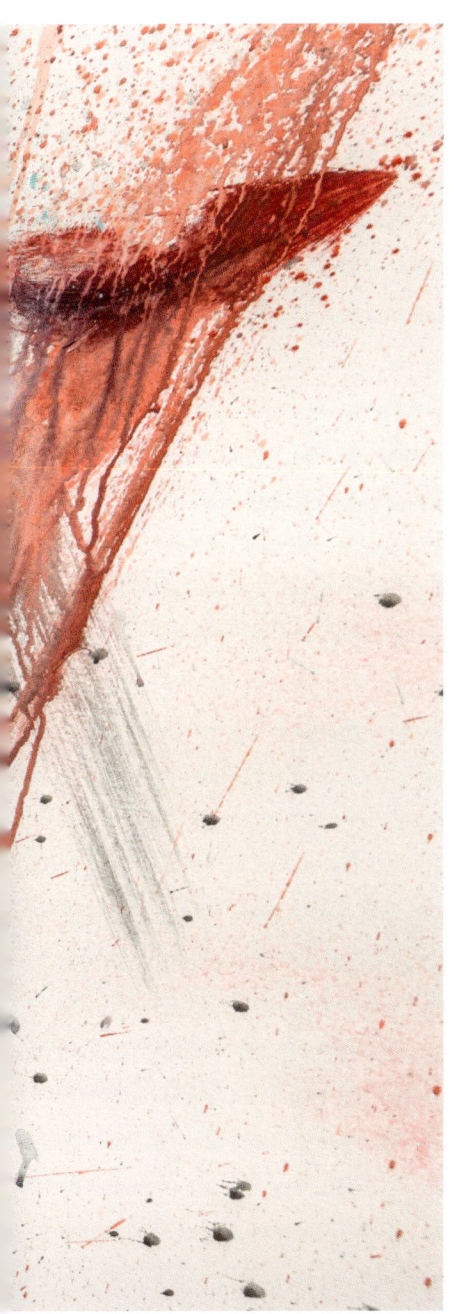

UNTDELEMN

"Tot el que faig és pintar, fins i tot si no toque un pinzell"
JANIS KOUNELLIS

Quan Rebeca em va comentar el títol que havia triat per a esta exposició, em va semblar molt adequat: "Untdelemn". No sols per la sonoritat del terme, sinó també pel significat que conté. La paraula *Untdelemn* prové del romanés antic, però el seu origen etimològic es remunta a l'hebreu i es referix a l'oli més exquisit; de primera premsada. Tan preuat, que en certs ritus del judaisme o del cristianisme és usat com a oli sacramental i de purificació. Així, en el marc d'esta exposició *Untdelemn* cobra un sentit espiritual perquè es convertix en una metàfora de l'acte de "pintar des de l'ànima". La pintura emergix com un bàlsam espiritual capaç de calmar i sanar, i adquirix també un sentit literal, perquè és l'oli, l'oli que, per a Rebeca Plana, activa el sistema nerviós.

Ja el mateix títol de l'exposició ens oferix pistes sobre el seu contingut: es tracta d'un projecte molt personal que ens introduïx en l'univers espiritual de Rebeca. L'artista es troba en l'actualitat en un moment de maduresa biològica i mental, al qual ha arribat després superar una difícil situació personal. A ella mateixa li agrada recórrer a la metàfora de l'au fènix perquè, com este ser mitològic, ha ressorgit de les seues cendres molt més forta i renovada i està, com assenyala, en pau amb ella mateixa. Esta exposició reunix al voltant de seixanta obres, la major part creades els últims mesos i específicament per a este projecte, que reflectix esta etapa vital que travessa l'artista. Podria semblar *a priori* que les obres estan disposades aleatòriament, quan en realitat hi ha una narrativa cohesiva que ens parla de la mateixa artista, del seu estat emocional i de les seues aficions personals. Com veurem més endavant, hi ha una multitud d'elements que fan referència a la seua vida personal.

Malgrat no trobar en la seua obra cap element figuratiu, la pintura de Rebeca sobreïx de contingut. En enfrontar-se a un llenç buit, rara vegada porta una idea preconcebuda, i això permet que els seus sentiments guien els traços i les taques i capturen eixe impuls vital. Rebeca troba en el seu dia a dia els estímuls creatius que plasma a través del pinzell —o de qualsevol ferramenta que tinga a mà—. A vegades, estos estímuls són sentiments profunds que reflectixen simplement el seu estat d'ànim o la impressió que li causa un lloc, una persona o una activitat quotidiana. La música també exercix un paper crucial en el seu procés creatiu; ella es definix com una gran melòmana i molts dels seus quadros se'n fan ressò. Les llargues hores que passa al taller, acompanyada del seu labrador *Pollock*, ho fa a ritme de jazz, rock espanyol dels anys 80 o, com a bona valenciana, música de la *Ruta del Bakalao*. En "Untdelemn" en particular, les notes de la música de Franco Battiato ressonen en les seues pintures, amb cançons com *Nomadi*" i "*L'era del cinghiale bianco*", amb les quals ella se sent profundament identificada i que fins i tot presten el seu títol a algunes de les sèries presentades. Això mateix passa amb la literatura; no debades "L'ànima està a Ítaca" —que és per a ella el quadro més significatiu de tota la mostra— es basa en el poema escrit pel grec Konstandinos Kavafis el 1911 i conté, en essència, la seua percepció de la vida, el seu mateix viatge a Ítaca que simbolitza, com no podia ser d'una altra manera, la pintura.

La història de l'art, i l'art en si mateix, es postula com un altre dels principals temes en l'obra de Rebeca. Per això, en esta exposició, David Nash, considerat un artista capdavanter en la disciplina del *land art*, adquirix un protagonisme especial, no sols en presència física, també per al·lusions. Hem dit que Rebeca se servix de la pintura com a ferramenta per a expressar, entre altres coses, les seues sensacions. Llavors, quina sensació li produïx topar-se amb l'obra David Nash? Rebeca sempre ha sentit una gran admiració per l'escultura exempta, però a més, gràcies a la influència d'un pare fuster, valora enormement com l'escultor és capaç d'infondre ànima a un simple tros de fusta. Amb tot això, Rebeca ha creat una sèrie d'obres en tela i paper, amb la seua particular estètica basada en enèrgics i dinàmics traços, que resulten en un estil oposat al de l'escultor anglés i que, no obstant això, aconseguix l'harmonia perfecta entre els dos creadors.

A més del seu contingut conceptual, "Untdelemn" destaca en el pla merament formal, perquè revela una abrupta evolució respecte de la seua obra quasi immediatament anterior. El resultat és una abstracció molt més depurada, amb uns traços i pinzellades de color més subtil i una paleta més reduïda. Este canvi s'evidencia si comparem les seues obres més recents, com "Nòmades", amb la pintura més antiga de l'exposició, "Landscape", realitzada en 2021, que presenta un estil molt més barroc. Però, malgrat haver guanyat en depuració i en simplicitat, no s'ha perdut gens de l'essència de l'artista, allò que la fa tan recognoscible. Traços, taques, ratlles, esguits o degoteig destaquen com a recursos d'expressius distintius, que aplica d'una manera molt particular, conjuminant, d'un costat, la premeditació sobre la idea que vol transmetre, juntament amb la improvisació a l'hora d'aplicar la pintura. Un tipus d'execució que recorda, d'alguna manera, aquells pintors Zen que tant van influir en el desenvolupament de la pintura gestual americana, allà pels anys 50, i que com és ben sabut, aconseguien fusionar en la pintura *cos, ment i esperit*. D'acord també amb la filosofia Zen, l'exhibició reflectix una tendència cap a l'essencial i la simplificació, fins i tot en els suports usats. Rebeca prescindix de l'extravagant, usant únicament paper i tela de lli i deixant de costat altres elements com els matalassos, els metalls o les portes de nevera, que formen ja part del passat.

A més, la coincidència temporal d'esta mostra amb el desé aniversari de l'exposició individual "Top Control", promoguda també pel Consorci de Museus de la Comunitat Valenciana i que va marcar una fita en la carrera de l'artista, afig un significat especial a "Untdelemn". Al llarg d'estos deu anys, han sigut nombroses les mostres en què ha participat Rebeca, però, sens dubte, com a comissari, destacaria "Begin the Beguine", un projecte que vam fer en 2020 a l'espai de la galeria Álvaro Alcázar, a Madrid, i que troba continuïtat en esta exposició. A parer meu, "Untdelemn" representa un punt d'inflexió en el viatge de Rebeca, un moment crucial en el seu anhel per arribar a Ítaca.

Finalment, no podem fer una altra cosa que agrair a Manuel Chirivella la seua incansable aposta per promocionar l'art valencià i la seua generositat en brindar-nos este espai únic. El Palau Joan de Valeiona, un dels pocs exemples d'arquitectura gòtica civil valenciana, s'erigix com el marc perfecte per a albergar estes obres. A més, tal com es va proclamar en el seu lema inaugural en 2005, és un "palau sense portes", obert a públic i artistes i on, segons les paraules de l'artista, se sent a casa. Així mateix, volem expressar el nostre agraïment al Consorci de Museus, dependent de la Comunitat Valenciana, pel seu compromís continu en la promoció de l'art contemporani d'artistes valencians, i per tornar a apostar per Rebeca en esta ocasió. També a tot l'equip de treball, a Rafael Tejedor de la Fundació, a Isabel Pérez del Consorci i a Carmen Fernández-Daza de la galeria, sense els quals no hauria sigut possible. Esta exposició no sols oferix una mirada profunda a l'obra de Rebeca, sinó que també destaca la importància de la seua obra en el panorama artístic contemporani. Des del seu enigmàtic títol fins a la distribució de les obres, cada aspecte d'esta mostra ens submergix en l'univers espiritual i emocional de l'artista. Rebeca Plana ens convida a un viatge íntim a través de la seua vida, les seues emocions i les seues inspiracions, que revelen una evolució artística marcada per la maduresa i la superació personal.

Álvaro Alcázar Gamarra
Madrid, abril 2024

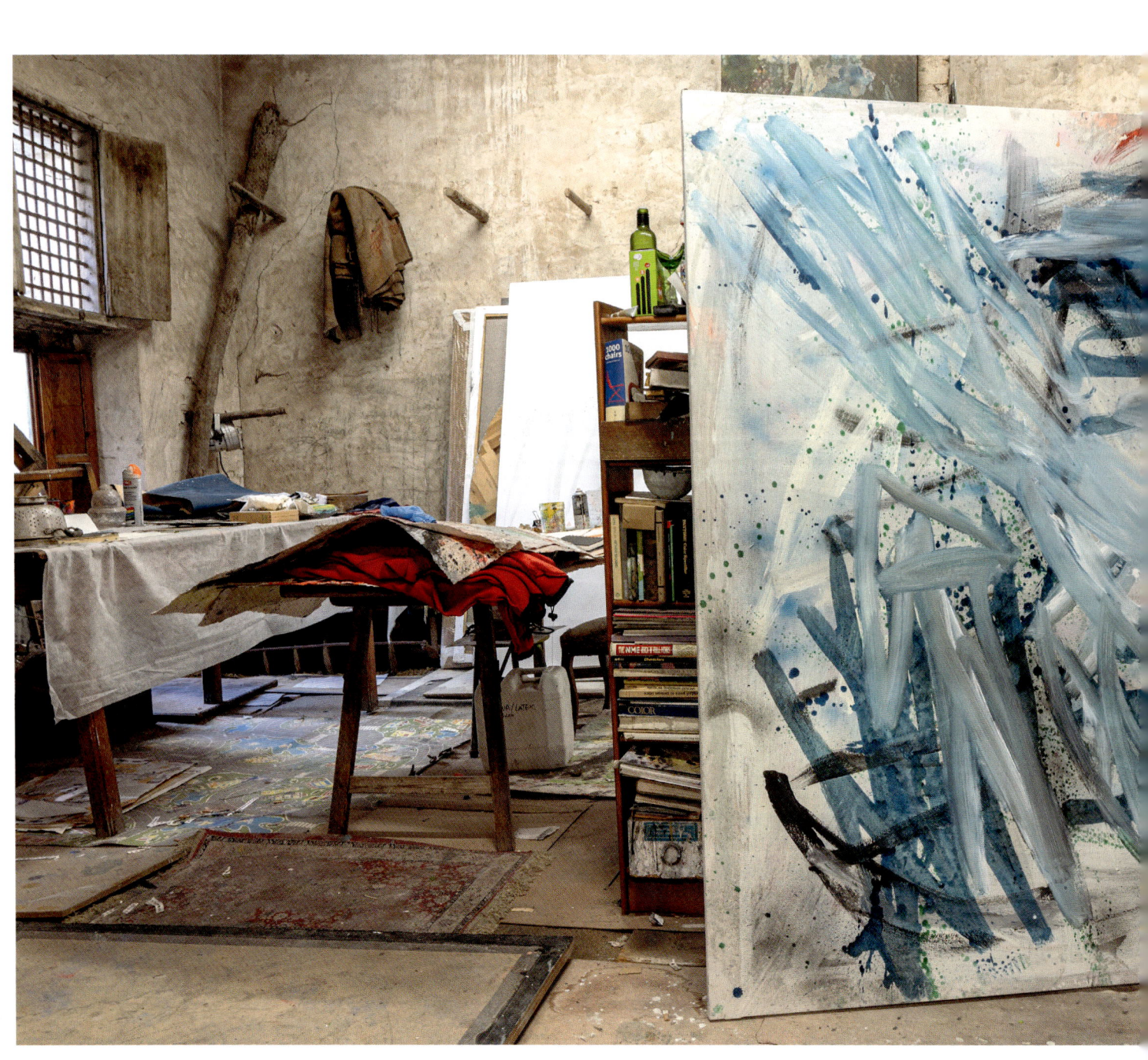

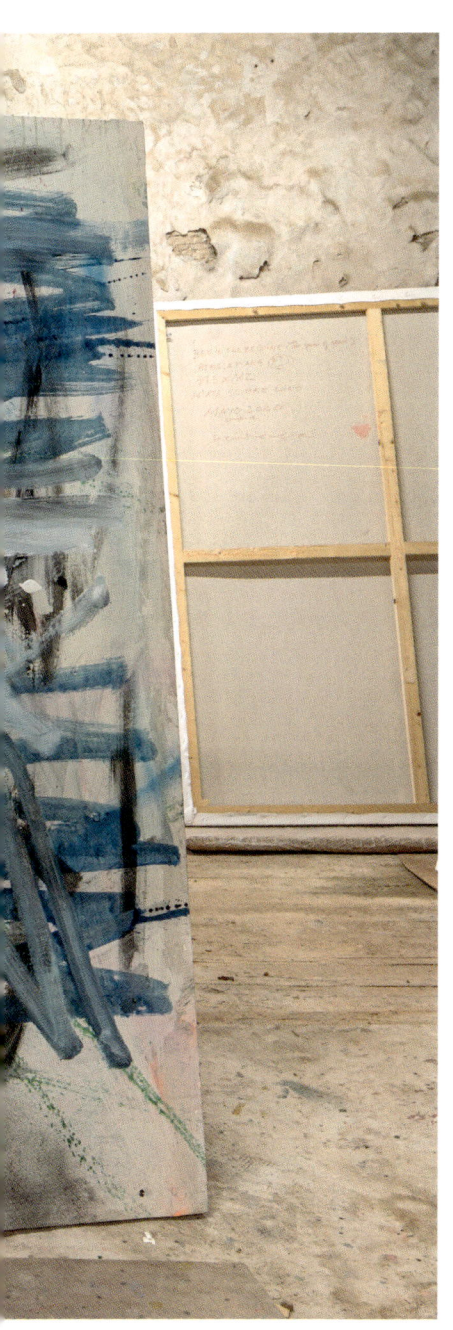

Rebeca Plana:
La pintura como forma de vida y como actitud ante la vida

Por Javier Díaz-Guardiola*

Rebeca Plana (Albalat de la Ribera, 1976) no ha dejado nunca de pintar. No lo ha hecho desde que decidió que para escribir bien de arte tenía que conocer antes cómo se doma la materia. Y cambió de rumbo. Desde entonces, su personalísimo trazo de dirección única (hacia el futuro, sin dejar de mirar al pasado) se ha dirigido al paisaje, al día a día, a sus lecturas, a sus pensamientos, que bien se impregnan de buenas referencias de la Historia del Arte y de la Literatura. También de la música o de las estrellas. Y del comentario cercano. De lo grande a lo pequeño, de lo universal a lo particular. Y viceversa.

Su entrada ahora en la Fundación Chirivella Soriano podría ser entendida como un punto de inflexión por muchos motivos. Primero, porque interrumpe lo que llevaba hecho hasta entonces para centrarse exclusivamente en el proyecto. Segundo, porque ya que se va a entregar de nuevo en cuerpo y alma al soporte bidimensional, al lino y al papel, mejor hacerlo con la verdad por delante, desnudándose. Afirma nuestra pintora que esta es su muestra más personal, más personal porque se ofrece sin filtros, hablándole de tú a tú al espectador.

No en vano, su título, "Untdelemn" hace alusión a un aceite especial utilizado por distintas culturas para la purificación de cuerpo y espíritu. Ese es el propósito de nuestra pintura con las series recientes a las que nos acerca: descubrirla despojada de retórica pero crear a la vez un vínculo con ella que nos ayude a comprendernos a nosotros mismos mejor. El camino no es en absoluto sencillo, pero Plana tiene tablas. También paciencia. Y lo demuestra asimismo a través de sus palabras. En primera persona.

29

Empecemos situando al lector de esta entrevista y al visitante de la exposición de la Fundación Chirivella Soriano. ¿Cómo definirías "Untdelemn", que es además tu trabajo más reciente?

Efectivamente, este es mi trabajo más reciente, que ya siento que va hacia la madurez. A mi edad, con 48 años, se nos suele definir como "de media carrera", pero creo que ya me toca terminar de definirme. El título hace alusión a un aceite, significa "el aceite del alma" en rumano; pero no es este un aceite de ungir como el que utilizaría el Cristianismo, sino un aceite que lo cura todo, el cuerpo y también el espíritu. Después de una época de bastantes cambios a nivel físico, mental y personal, esta serie y esta muestra han sido como un regalo para mí. No se expone todo el conjunto, pero cuando me puse a seleccionar la obra junto al comisario sí que convenimos que se ha producido en mí una evolución, al menos yo la veo. El trazo es importante en una exposición, y el mío, después de 25 años, ya está completamente definido. Soy una pintora abstracta por definición, pero a partir de ahí podemos contar mil y una historias...

Reconoces que posiblemente sea tu serie más íntima, resultado además de una serie de cambios a nivel personal. ¿Habías hablado hasta ahora de ti pero no de forma tan directa, siempre a través de los otros, del paisaje?

De mí, tan íntimamente y de una forma tan desnuda, nunca. Nunca. Siempre había hablado desde el paisaje, siempre había incluído referencias personales, paisajísticas, porque yo vivo al lado del río; por supuesto, referencias de la música, de todo lo que acontecía a mi alrededor, pero de mi vida tan personal, no. Es más, aquí todos los cuadros tienen título, por estética. Porque yo soy una mujer, o una persona, que me baso mucho en la estética, porque hay que ser un artista, como dice Paquita, salas, "360". Una de las series se titula "La era del jabalí blanco", como la canción de Franco Battiato, que me encanta. Y la exposición, incluye un whatsapp que yo le escribo a una persona, algo muy personal, que decidí incluir como una forma de decirme "aquí estoy yo". Porque yo después no soy alguien que se muestre delante de los demás así. Siempre mantengo cierta distancia. Pero asumo que somos seres naturales. Todos tenemos envidias, celos, avaricia, castidad, caridad... Y hay que asumirlo así o, en el fondo, estaremos sacralizando demasiado el trabajo creativo. Cuando realmente, el trabajo creativo, primero me cura a mí, y después se dirige hacia los demás.

Cuando dices que hay una evolución clara en lo que haces, ¿en qué lo notas tú, estilísticamente hablando? Dijiste el trazo, pero no sé si es también en la relación con el soporte, en la paleta...

Soy consciente del tipo de trabajo que hago, que es una labor que tiene que ser muy rápida y directa. Y nunca he tenido miedo a eso. Trabajo cinco o seis formatos a la vez y lo que sí que hago es asumir que las obras se terminan. Y, a la par, encontrar asimismo la suavidad en lo que hago, intentar incluir la suavidad en mi trazo. Porque si no hago eso, al final el trazo duro siempre va a ser algo repetitivo. Por ello incorporo esta especie de goteados, cuestiones un poco más etéreas. En cuanto a la paleta, pues sí, puede ir cambiando, se baja en ella de tono, pero yo siempre me muevo entre paletas muy restringidas. En la pasada edición de ARCO, Álvaro Alcázar nos conminó a trabajar con el rojo. Entonces, claro, todo mi estudio se tiñó de este color. Y poner color rojo en un trazo tan potente como el mío era complicado. Pero asumo que sí, que he incorporado ciertos goteados, que no son sucesiones de gotitas pictóricas, sino que son goteados hechos en un trazo enorme.

El ejercicio es complicado, porque estás intentando domar la pintura. Es decir, domar ese trazo para que que se meta ese elemento más suave en algo que en un principio es agresivo por naturaleza.
Sí, por naturaleza. Mira: esa palabra me gusta más que la de rabia. Mi trazo no es de rabia. Yo no estoy rabiosa. Una persona no puede estar así delante de un lienzo. Sería como un escritor que se pone delante de un papel y lo hace rabioso. Tienes que estar relajado. Y gracias a estos goteados, a estas formas tenues, al intentar estudiar a mis compañeros, porque yo observo mucho, esas cosas que puedo aprender y que puedo incorporar, todo se modula. La pintura es una eterna desconocida. Muchos piensan que se termina en los años 50. Gran error. Y yo tengo compañeros maravillosos desde los cuales amplío mi visión. No hace falta que sean pintores, sino autores que se dedica al dibujo, al digital art, al street art... Por ejemplo, cuando empiezo un cuadro, yo no lo hago con un brochazo. Yo cojo un spray de carretera. Esto lo hago desde 2008.

En definitiva, invitas a curar el alma con este conjunto, y a que la sanación sea compartida con el público. ¿En qué sentido?
Yo creo que es al observar. Al observar. Soy una persona que le cuesta mucho desligarse de su trabajo. A medida que voy avanzando, sí que estoy aprendiendo a hacerlo. En este caso, al entrar en el Palacio Valeriola, sede de la Fundación Chirivella Soriano, es mucho más fácil por las escalas, por el contexto palaciego. Yo invito a que el espectador observe la obra y busque lo que le atrae: a algunos es el color, a otros, el trazo... El paseo por el palacio ya les cuenta una historia. Mira: a mí lo que me gustaría es que se olvidasen de que todo esto soy yo. Yo como pintora. Hay que intentar observar la pintura desde una mirada limpia. Como cuando vas a confesarte a un cura o haces un retiro de silencio o una meditación.

O sea: eres una médium.

Puedo ser una médium. Porque todos, todos en el fondo, buscamos lo mismo. Al final todos perseguimos estar bien. Y al final lo importante es el amor. El amor en todos los sentidos. Si no hay amor, no se puede hacer la mitad de las cosas. Y eso lo aprendes con el tiempo. No puedes cargar con el resentimiento. Mi profesión, nuestro campo, es supuestamente el más liberal, pero al fin y al cabo es también el más retrogrado y el que más juzga. Vamos a intentar que vean mi trabajo de una forma libre y limpia. Desprejuiciada también, claro. Y si me he dado cuenta de que es maduro es porque también me deja cierta libertad. Me han pasado muchas cosas a la vez. En poco tiempo. En muy poco tiempo.

A lo largo de tu trayectoria, te has permitido el lujo de trabajar con soportes poco convencionales como colchones o puertas de electrodomésticos. Aquí regresas a los materiales más tradicionales: el lino y el papel. ¿Es una "regresión" o una "búsqueda de esencias"?

Es una búsqueda de esencias pura y dura. Y creo que al final hay que ser sencillo y limpio. Mejor comprarte un abrigo de Loewe que 40 camisetas de Zara, ¿lo entiendes, verdad? A veces me preguntan por qué no vuelvo a los colchones. Pues porque eso lo hice en un momento determinado y porque el único que se atrevió a exponerlo fue Fernando de la Torre, con el que hice una exposición hace diez años en La Gallera. Y ya está. Es un momento determinado de mi vida que surgió así. Y ya era el principio de los trazos, solo que un trazo encima de un colchón o un trazo encima de las puertas de una nevera. En el colchón es donde parimos, morimos, follamos. También comemos y pasamos mucho tiempo. Y la nevera, pues lo mismo, de ahí "sacamos" el alimento. Hasta cierto punto, la puerta de la nevera está aquí. Pero al final hay que buscar la esencia, lo simple.

Regreso al lienzo y al papel: Para alguien que trabaja de forma tan expresiva sobre el soporte como tú, que la pintura ya de por sí parece un trazo, un bosquejo, una intuición, ¿cómo separas el trabajo pictórico del dibujístico?

Mis papeles son dibujos. Dibujo puro y duro. Mi trazo es un dibujo y realmente, cuando estoy trabajando, creo que mis pinturas de gran formato realmente son dibujos. Son unos trazos que cuentan una historia. Lo que pasa es que, por dicotomía, el espectador piensa que si algo está pintado encima de un lienzo es una pintura, pero puede ser un dibujo. Al final, un dibujo es una sucesión de puntos, con lo que se crea una raya o una línea, y ya está. Eso puede ser la forma de un pie o dejarlo de manera más abstracta.

Quizá la diferencia es el tiempo como material: ¿Inviertes más tiempo, más material de tiempo, en la pintura que en el dibujo?

¡Es que utilizo el mismo tiempo porque todo se ejecuta a la misma vez!

Si no, no funciona. No puedes. Es como cuando conoces a una persona: ¿Tú cuánto tiempo tienes que estar con alguien para saber que estás a gusto con ella? Tú pones tu tiempo. "¿En cuánto tiempo has pintado esa pieza?" No es el tiempo ejecutable lo importante, sino el proceso que viene antes. Porque eso está ahí. El estudio está ahí. Yo trabajo todos los días, Javier. Todos los días me levanto a la misma hora. Paseo al perro, a Pollock, que viene conmigo al taller. Allí sigo el mismo ritual: Me pongo la canción del día, me pongo a trabajar, me fumo un cigarro, dos, tres, cuatro, y los lienzos están ahí, y el papel está grapado en la pared. Pinto con luz natural. Eso es maravilloso. En el estudio hay formatos ya montados. Pueden haber unos diez lienzos preparados, que pueden ser de 190 por 150 o de 250 por 185 centímetros. Y después, muchísimo papel: grapado en pared, por el suelo... Y además de diferentes texturas... Te confieso que con esta exposición he conseguido ya no tenerle miedo al lienzo, como no lo tenía con el papel. A mí no me ha impuesto nunca el soporte. Me da igual que sea papel, lienzo, un trozo de madera. Es una cosa bidimensional que está ahí y sobre la que tú trabajas; donde expresas lo que te pasa de la punta del pie a tu estómago, tu corazón y tu cabeza, para volver a tu estómago, porque ahí es de donde sale todo.

Lo has mencionado: La música juega un papel fundamental en tu labor. Esa canción del día cuando empiezas a trabajar. Admites que componiendo esta serie has escuchado muchos temas de los 80. ¿Cómo se filtra la música en el trabajo?

Regresé esta vez a la música de los ochenta porque sus letras son casi, casi poesías. La música de La Movida, que a veces es adorada y otras es renegada. Ya lo he dicho: soy una gran melómana. Vivo en un pueblo en el que cuando tienes cuatro años te apuntan a la banda de música y, sí o sí, tienes que saber de música. Ahora empecé a escuchar una lista de los ochenta que me pasó un amigo donde estaban Los Esclarecidos, Caca de Luxe, Décima Víctima... La hice mía de nuevo. Descubrí que llevaba un tiempo sin escuchar a Franco Battiato y recordé que yo también era seguidora de la música de la Ruta del Bakalao. Y que durante muchísimos años estuve vinculada al jazz... Así que se puede decir que igual me pongo a Amparito Roca que música clásica... ¡Claro que todo eso llega a las obras!

Las de la muestra son, pues, recurriendo a los géneros tradicionales de la pintura, "paisajes" del alma, "retratos" en primera persona, o "escenas de batalla" y "bodegones" íntimos?

Yo creo que son escenas de batallas y bodegones íntimos. O polvos. ¡Sí, sí, sí! ¡Polvazos! ¡Amantes! Bodegones íntimos... Porque yo quería tener todo un mural entero que se llamara 'La tiranía de la libertad', que al final ha terminado con una eclosión en otra cosa. Todo pasa y todo queda.

Al final el tiempo es perecedero y lo importante es el ahora, el futuro es ahora. Y lo que tenemos detrás. Hay que quedarse con todo lo que hemos vivido. Yo tengo una gran cantidad de imputs de gente que pasa por el estudio. Vivo en un pueblo de tres mil quinientos habitantes. Y son las mismas filias y las mismas fobias que se viven en un supuesto mundo intelectual. Tengo otra serie que se llama "Arponera", como la canción de Esclarecidos. Pero es que este año me he puesto a leer "Moby Dick". En su día, Yturralde me dijo, y me lo he repetido un millón de veces, que para hacer este trabajo tienes que estar solo. Eso no quiere decir vivir en soledad. Porque la pintura o la labor creativa implican un compromiso muy potente. Esto es una droga.

Hablas de la pintura como acto de fe. ¿A quién o a qué te encomiendas tú a la hora de trabajar?

A mí misma. Esto es como un matrimonio. Decidir dedicarte a esto es un acto de fe. Como cuando te vas a la batalla o Colón decidió que se hacía Las Indias. O como en "Moby Dick". Yo sobrevivo con mi trabajo, menos mal que no soy profesora, aunque a veces sí que me llaman de diferentes másters para que hable desde mi experiencia profesional como pintora al alumnado de Bellas Artes. Y el otro día un alumno de máster me preguntó exactamente lo mismo: "¿Como se hace esto?". Pues para hacer esto tienes que tener mucha fe. Y a partir de ahí, crear. Pero sí: es un acto de fe, es un acto de fe absoluto. Si no, ¿cómo van a creer los demás en lo tuyo? Pero tienes también que tener puntales que crean en ti: amigos, compañeros, galeristas... Esto es un maratón. Como el poema de Cavafis "Camino de Ítaca": Si dejas de estar en el camino desapareces. Mira: Yo hacia 2018, en la primera exposición que inauguró el acuerdo entre el Consorcio y la Fundación Chirivella, me propuse que tenía que exponer aquí. Y aquí estoy. Soy consciente del tipo de trabajo que hago. Lo soy. Por eso es un acto de fe total.

Hay una frase tuya muy bonita: Afirmas que defiendes el valor del primer trazo y la inutilidad del último. ¿Eso es porque la pintura la acaba el espectador?

Siempre. Por eso te digo, Javier, que las personas que están a mi alrededor, compañeros, amigos, no van a ver la obra igual que una persona que viene de fuera. Para mí, la mirada de los primeros es importantísima. Por eso decidí al final no usar un trazo tan plástico, sino que fuera todo más suelto o con el spray. Y el último a veces incluso no lo doy ni yo. Viene mi madre y me insinúa: "Eso está terminado". O le envío una foto a Álvaro Alcázar, mi galerista y el comisario de la muestra, que es como si fuera mi pareja, y me dice: "Oye, mira, esto ya está". A medida que he hecho esta exposición he aprendido a parar. "Para empezar, hablemos de otra cosa", decía Juan Galdeano en Metta en 2008. Viajo por el mundo con un montón de escritos: los de Juan Muñoz, los de John Berger...

Al analizar tu lenguaje abstracto se menciona mucho ese gesto expresionista. ¿Pintar es poner en orden cierto caos interior o simplemente visibilizar una maraña de sensaciones?

Creo que cuando se refieren a "mi caos" es porque me ven como persona. Piensan que soy una persona caótica. Caótica, controvertida, problemática... ¿Por qué? ¿Porque soy una persona que si tengo que decir las cosas las digo? El otro día, hablando del empoderamiento de la mujer, a alguien le espeté que yo no creo en tal cosa. Yo creo en el empoderamiento del ser humano. Cuando yo pinto no pienso en lo que tengo entre las piernas. Soy una persona dura. Pero lo del caos vende. ¿El enmarañamiento? Pues sí, cierto enmarañamiento mental existe. Cuando tú empiezas a estar en paz, eso se refleja. Pero no solo se refleja en la pintura, sino también se refleja cuando escribes. Es la madurez biológica la que nos hace estar más tranquilos. Pero también puede pasar otra cosa, que es lo que le sucedió a Frank Estela, o a De Kooning, que en los últimos años llegó de la maraña a la simplicidad. Creo que mi trabajo refleja mi zona de confort. Preparo una exposición que se titulará "Orión" y que creo ciegamente que es mi zona de confort.

¿Y cómo se consigue que parte de la crítica encuentre lirismo en un expresionismo tan sucio como tú lo defines?

No tengo ni idea. No tengo ni idea, porque es que yo no voy buscando eso. Es más, voy provocando que se quiten de la cabeza si el mío es el trabajo de un hombre o una mujer. Y no quiero que mi abstracción se diga que es abstracción lírica. ¿Qué voy a tener que hacer? ¿Pintarlo todo de negro? Es todo lo contrario a lírico, es una cosa muy rotunda. Lo que sí que tenía claro es que no iba a pintar con un azul Klein o un azul del Mediterráneo. Hay que buscar otros tipos de azules, otros tipos de verdes. Y luego están los formatos, enormes. Entonces, no sé de dónde se sacaron lo de la abstracción lírica, pero que digan lo que quieran. Esto es pintura pintura... O dibujo... Ahora estoy preparando un trabajo inspirado en "El lucero", de Mihai Eminescu. unos goteados enormes, y eso es dibujo, no es pintura, aunque esté hecho con pintura.

Aún y con todo, no niegas cierto componente social o político en tu labor. ¿A qué te refieres?

Me refiero a lo que te contaba antes del empoderamiento y todas estas cosas. Porque yo soy una luchadora por la igualdad. En todos los sentidos: Hombre, perro, gay, gato, perro... Y muchas veces esto me produce muchísimos problemas porque pienso que ya ha llegado un momento, nosotros que ya vamos hacia los 50 y que hemos vivido de todo, que no hay que estar hablando de cuestiones como estas. Ese contenido es político. Hablamos de eso, de la libertad en sí, de la libertad del ser humano. Porque estamos volviendo atrás con el efecto cremallera. Y al final esta sociedad nos está haciendo mucho más retrógrados y mucho más carcas. Y después, claro, yo vengo de un pueblo donde hay mucha memoria histórica. De los dos bandos. Franquistas y republicanos. En mi pueblo se pegaban tiros entre hermanos. Creo que la memoria es muy importante y que no hay que olvidarla.

Es inevitable que se le relacione con Pollock -es el nombre de tu perro-, con los Irascibles de los 50, con Baselitz... Sin embargo, me llama la atención que cuando se te preguntan referentes no te olvides de maestros de la pintura del Quattrocento. ¿Es compatible?

Es inevitable. Yo hablo de perspectiva, de simbología, de lo bien que sabían pintar... Yo utilizo los símbolos cristianos, los hebreos, eso siempre lo tengo metido en mi cabeza. Mi perro se llama Pollock, aunque igual se hubiera podido llamar Baselitz, pero porque todo el mundo sabe quién es el primero, que además para cualquier pintor jovencito se relaciona con la visión que tiene de lo que es ser un artista. Pero sí: ¡los Irascibles de 1950! Y Pollock no es que sea mi pintor preferido, ni técnicamente, ni por supuesto intelectualmente. Porque la intelectualidad de la pintura, que sé que lo que te voy a decir es una contradicción a lo que te he referido antes, es muy importante. Es decir: para hacer todo esto que yo hago hay que leer mucho, escuchar mucho y ver mucho. Pero sobre todo escuchar mucho, y a la gente que lleva 25 o 30 años de vida más que tú. Y después, a los que llevan 25 o 30 años menos que tú, porque de ellos también se aprende. Claro. En Instagram, en un nanosegundo lo tienes todo. Y la pintura paleocristiana, la bizantina, ¡es que me vuelven loca!

Son tres las plantas de la Fundación. ¿La exposición esboza algún tipo de recorrido?

Sí, la exposición empieza con dos series sobre los pecados y sobre las virtudes. Porque existen y todos caemos en ellos. La gente tiene miedo de decir que es celosa o que siente pereza o envidia. Hay una pieza que pidió específicamente Manuel Chirivella, una pieza que se expuso en el último ARCO antes de la pandemia y que se llama "Landscape", que es un paisaje, una especie de paisaje anterior. Y al lado está "Camino a Ítaca", más oscuro, con más trazos, esos goteados... Y claro, todo ese tono va subiendo y la exposición te va contando una historia. Incluyo unas "conversaciones" con David Nash, que es compañero mío en la galería y que me impresionó mucho, uno de los escultores de "Land Art" más potentes. Curiosamente, la pieza queda título a la muestra no está en un sitio principal. Se sitúa en la tercera planta. Y todas las obras cuentan la mejor historia o la mejor versión que pueden ofrecer ahora mismo sobre mí. Eso es desnudarse. Todos somos Bárbara Rey o Nadiuska. Y yo prefiero ser Nadiuska.

"Untdelemn", entonces, no ocupa un lugar destacable, pero, ¿es la obra más destacable de la exposición?
No es la obra más destacable, sí que es la más sencilla, elaborada con un trazo, un solo trazo sobre un formato de 2,15x1,85 m. Cuelga sola, en una pared. Es un lino, pero no tenía por qué estar a la entrada principal. ¿Sabes qué? El montaje es exquisito y es obra del comisario, que ha incluído el vacío entre las piezas. Soy consciente de que mi trabajo puede llegar a cansar. Se ha buscado cierta sencillez frente al emborronamiento total.

Podríais haber provocado un "terremoto", que era como se llamó el proyecto en origen, si no me equivoco.
Mi amiga Minerva, que es una buena amiga, fue la que me dio a conocer el concepto de "untdelemn". Ella es mitad rumana, mitad griega. Y me gustó mucho la palabra y me gustó mucho el significado. Ella también está diciéndome siempre que soy un terremoto. Sin embargo, mi vida ya no es así, ya no es tan un terremoto, ya no son idas y venidas. Entonces se lo dije a Álvaro, porque también se barajó como título "Parar, pensar, sentir", que no me gustaba. "Untdelemn", creo que es una palabra que define lo que yo siento sobre la pintura, porque al fin y al cabo es también aceite, en mi caso, del alma. Y es una palabra muy potente que hace pensar a la gente qué es eso, de dónde viene, a dónde va. Obliga a acercarse a la cultura rumana, a la hebrea, a la judía, que estamos rodeados de ellas. Al fin y al cabo, España es un país que acoge a todas estas culturas.

Oye, dices que pintas porque no te queda otra.
Pinto porque tengo que pintar. Sí. Es que eso es así. Además, lo he contado un millón de veces, yo entré en la facultad porque quería hacer lo que tú haces: escribir de arte. Y pensé: "Bueno, pues antes de escribir sobre arte qué mejor que saberme las técnicas". Y pinté. Y pinto porque yo no tengo paciencia ni para hacer grabado, ni para hacer escultura, ni para hacer arte digital... No. Ni para construir una máquina que yo misma dibuje. Lo mío es rápido, es de una ejecución rápida. Tampoco podría hacer lo que hacen Ian Argüello o Cristina Babiloni, que es abstracta y que tiene que esperar a que se seque la amalgama que genera. O el dibujo portentoso y figurativo de Kepa Garraza, que a mí me encanta, pero yo no puedo. Porque cada uno tenemos una manera de trabajar. Pero es que, esto es, yo qué sé, una forma de vida y una actitud delante de la vida.

Me resulta curioso eso que dices que tú lo que querías era escribir, y que por ello te pusiste a estudiar las técnicas, es decir, que eres la

primera persona a la que escucho que la facultad de Bellas Artes no la decepcionó.

Vamos a ver, Guardiola, es que mi generación tuvo la suerte, por lo menos en Valencia, de haber contado con unos profesores maravillosos. A mí me dio clases Yturralde. Conocí a Miguel Ángel García Cortes. Nos dio talleres Julian Schnabel. En aquel momento, Justo Nieto era el rector en la universidad. Nosotros pertenecemos a la Politécnica de Valencia. Cuando hice la exposición que se tituló "La cámara anecoica", sólo tuve que llamar al Catedrático de Física Arquitectónica para meterme en una. Muchas veces se lo digo a los alumnos de ahora, que ya son de grado, que yo no soy graduada, soy licenciada. Teníamos unas posibilidades absolutas. Decepcionarte ellos, no: te decepcionas tú solo. Hay que ser consciente de que estás haciendo una carrera que es vocacional, y si no, vete y estudia AD. No te hagas Bellas Artes para después sacarte una oposición.

Fernando Castro te ha ha definido como "una pintora corporal". ¿Pintas con todo el cuerpo?

Pinto con todo. Me mancho de arriba a abajo. Es más: es que bailo. Es que a veces, me gustaría tener una cámara. Ahora soy consciente de esto, que no me había pasado hasta hace seis meses. Ahora soy consciente del movimiento que ejecuto. Me emociono. Tengo como una especie de éxtasis de Santa Teresa. Orgasmos artísticos. Cómo veo el pincel. Porque mis pinceles son brochas de pintor de pared, o escobas. Incluso escobillas de baño. Por eso me muevo con todo el cuerpo. Aparte de que ahora mi cuerpo son 35 kilos menos que hace un año o dos. Así que me muevo mucho mejor. Y creo que se tiene que unir todo: Cuerpo, alma, espíritu. Todo.

Perteneces a una generación de pintores como Nico Munuera, Juan Olivares, Nelo Vinuesa; de Valencia, que pinta desde Valencia. ¿Qué habéis aportado vosotros a la disciplina?

A la disciplina, no lo sé. Pero yo realmente, aunque soy de esa generación, me siento más ligada A Miki Leal, a Fernando Clemente, a Ruth Morán...¿Por qué? Por lenguaje. ¿Qué hemos aportado? A una parte les llaman la "Generación Látex" porque utilizan este material. Yo pertenezco a la Generación X. Y soy la única chica, si lo piensas en frío. Te has olvidado de mencionar a Sergio Barrera, el único que vino a mi inauguración...

Me confesaste que sentías mucho respeto y presión por volver a exponer en tu tierra. ¿Cómo has gestionado todo esto?

¿Cómo lo he gestionado? Pues lo he gestionado, los dos primeros días, mal. Después he pedido a mis amigos de verdad que no me digan nada sobre lo que han visto aún. Pero lo hecho, hecho está. Ahí hay Rebeca

Plana para unos meses. Y, ahora, pues vamos a empezar a trabajar para otras historias. Pero lo he llevado mal. He llevado mal volver a exponer, no por el hecho de mostrar la obra. Soy una persona que tengo un poco de miedo a la Historia. Soy terriblemente sensible y han pasado demasiadas cosas. ¿Por qué no decirlo? La gente tiene miedo a decir cómo se siente. ¿Que se podría haber hecho mejor? Siempre se puede hacer todo mejor, no igual, pero mejor, sí. Siempre.

Y, hablando de estrellas, ¿qué estelas deja esto? Mencionaste antes "Orión" como una posible futura cita. ¿Qué puertas te ha abierto un proyecto como este?
Pues en breve llegará una exposición individual con Álvaro Alcázar, también algún proyecto que vamos a hacer en el extranjero. Tengo que viajar ahora a Francia, a Estados Unidos... El otro día tuve una conversación con una persona en una cena que se me puso el cuerpo de vuelta y media. Tanto, que me tuve que levantar e ir a fumar un cigarro porque me comentó que los artistas españoles no pintaban nada en el mundo del arte en general. Era además un coleccionista. Me obsesiona lo de la internacionalización del arte español y lo de la compra de arte sólo por especulación.

¿En qué sentido?
Al final lo importante es el trabajo de uno mismo, y que la persona que te ayude a crecer crezca contigo. El otro día me dieron un consejo: asume lo que no quieres porque no sabes lo que quieres. Y la verdad es que es así, porque lo que quieres no lo puedes controlar. Somos una generación, la de los artistas que tenemos entre 40 y 50 años, que está pasando por lo mismo que pasaron los de los 80: tenemos un potencial muy fuerte. El único problema es que durante momentos determinados se nos ha dado tantas posibilidades económicas en cuanto a becas y premios que hay muchísima gente que no sabe lo que es vender un cuadro a un cliente. Hay un tipo de creadores que viven del "más vale pedir becas que robar".

Señalas: "Los pintores somos creadores de sentimientos y, obviamente, podemos mentir". Me cuesta creerlo, que mientas tú, digo.
Yo no miento. No puedo.

Entonces eres una mala creadora...
Puede ser que sea una mala creadora. Pero no puedo mentir, no puedo. Se me nota enseguida. No voy a las inauguraciones porque se me nota rápido si aquello no me ha gustado.

Javier Díaz-Guardiola es periodista, crítico y comisario de exposiciones. En la actualidad es coordinador de la sección de arte, arquitectura y diseño de ABC Cultural, redactor-jefe de ABC de ARCO y autor del blog de arte contemporáneo "Siete de Un Golpe"

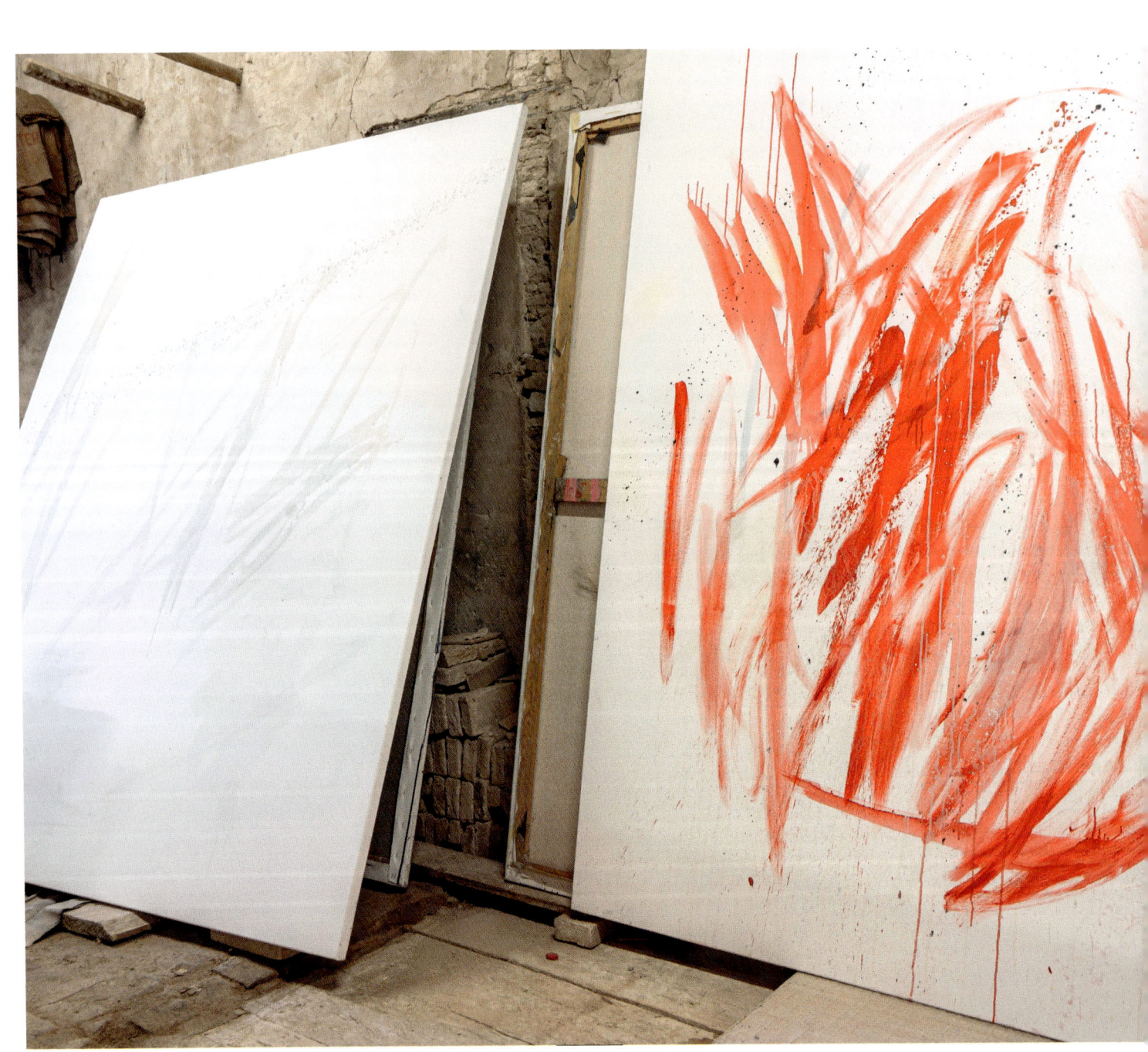

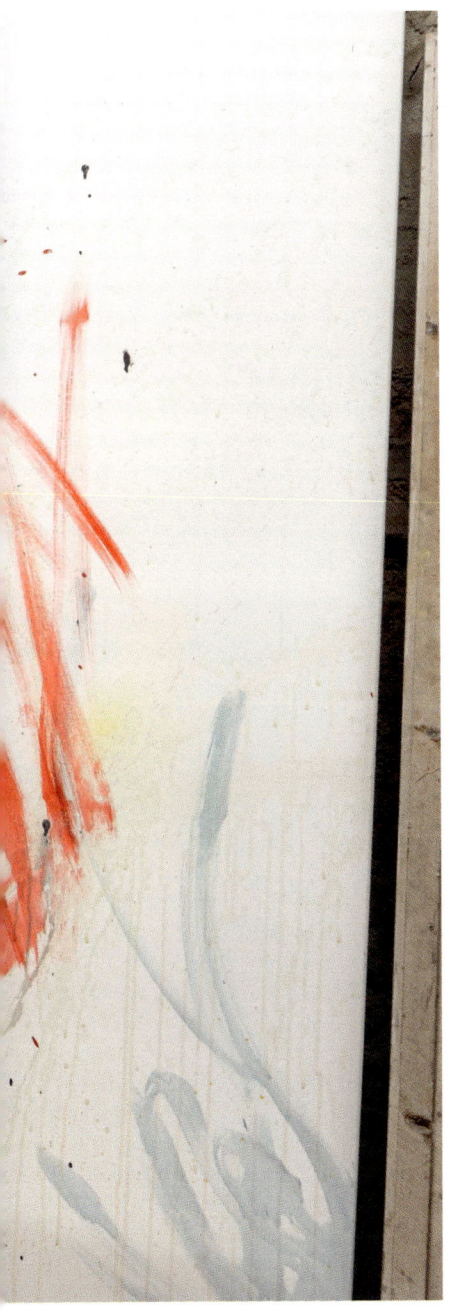

Rebeca Plana:
La pintura com a forma de vida i com a actitud davant la vida

Per Javier Díaz-Guardiola*

Rebeca Plana (Albalat de la Ribera, 1976) no ha deixat mai de pintar. No ho ha fet des que va decidir que per a escriure bé d'art havia de conéixer abans com es doma la matèria. I va canviar de rumb. Des de llavors, el seu personalíssim traç de direcció única (cap al futur, sense deixar de mirar al passat) s'ha dirigit al paisatge, al dia a dia, a les seues lectures, als seus pensaments, que bé s'impregnen de bones referèncias de la història de l'art i de la literatura. També de la música o de les estreles. I del comentari pròxim. De les coses grans a les xicotetes, de l'universal al particular. I viceversa.

La seua entrada ara en la Fundació Chirivella Soriano podria ser entesa com un punt d'inflexió per molts motius. Primer, perquè interromp el que havia fet fins llavors per a centrar-se exclusivament en el projecte. Segon, perquè ja que s'entregarà de nou en cos i ànima al suport bidimensional, al lli i al paper, millor fer-ho amb la veritat per davant, despullant-se. Afirma la nostra pintora que esta és la seua mostra més personal, més personal perquè s'oferix sense filtres, parlant-li de tu a tu a l'espectador.

No en va, el seu títol, "Untdelemn" fa al·lusió a un oli especial utilitzat per diferents cultures per a la purificació de cos i esperit. Eixe és el propòsit de la nostra pintura amb les sèries recents a les quals ens acosta: descobrir-la despullada de retòrica però crear-hi alhora un vincle que ens ajude a comprendre'ns a nosaltres mateixos millor. El camí no és en absolut senzill, però Plana té taules. També paciència. I ho demostra així mateix a través de les seues paraules. En primera persona.

Comencem situant el lector d'esta entrevista i el visitant de l'exposició de la Fundació Chirivella Soriano. Com definiries "Untdelemn", que és a més el teu treball més recent?

Efectivament, este és el meu treball més recent, que ja sent que va cap a la maduresa. A la meua edat, amb 48 anys, se'ns sol definir com "de mitja carrera", però crec que ja em toca acabar de definir-me. El títol fa al·lusió a un oli, significa 'l'oli de l'ànima' en romanés; però no és este un oli d'ungir com el que utilitzaria el cristianisme, sinó un oli que ho cura tot, el cos i també l'esperit. Després d'una època de bastants canvis físics, mentals i personals, esta sèrie i esta mostra han sigut com un regal per a mi. No s'hi exposa tot el conjunt, però quan em vaig posar a seleccionar l'obra juntament amb el comissari sí que vam convindre que s'ha produït en mi una evolució, almenys jo la veig. El traç és important en una exposició, i el meu, després de 25 anys, ja està completament definit. Soc una pintora abstracta per definició, però a partir d'ací podem contar mil i una històries...

Reconeixes que possiblement és la teua sèrie més íntima, resultat a més d'una sèrie de canvis personals. Havies parlat fins ara de tu però no de forma tan directa, sempre a través dels altres, del paisatge?

De mi, tan íntimament i d'una forma tan nua, mai. Mai. Sempre havia parlat des del paisatge, sempre havia inclòs referències personals, paisatgístiques, perquè jo visc al costat del riu; per descomptat, referències de la música, de tot el que esdevenia al meu voltant, però de la meua vida tan personal, no. És més, ací tots els quadros tenen títol, per estètica. Perquè jo soc una dona, o una persona, que em base molt en l'estètica, perquè cal ser un artista, com diu Paquita, sales, "360". Una de les sèries es titula "L'era del senglar blanc", com la cançó de Franco Battiato, que m'encanta. I l'exposició, inclou un WhatsApp que jo li escric a una persona, una cosa molt personal, que vaig decidir incloure com una manera de dir-me "ací estic jo". Perquè jo després no soc algú que es mostre davant dels altres així. Sempre mantinc una certa distància. Però assumisc que som éssers naturals. Tots tenim enveges, gelosia, avarícia, castedat, caritat... I cal assumir-ho així o, en el fons, estarem sacralitzant massa el treball creatiu. Quan realment, el treball creatiu, primer em cura a mi, i després es dirigix cap als altres.

Quan dius que hi ha una evolució clara en el que fas, en què ho notes tu, estilísticament parlant? Has dit el traç, però no sé si és també en la relació amb el suport, en la paleta...

Soc conscient del tipus de treball que faig, que és una labor que ha de ser molt ràpida i directa. I mai n'he tingut por. Treballe cinc o sis formats alhora i el que sí que faig és assumir que les obres s'acaben. I, alhora, trobar així mateix la suavitat en el que faig, intentar incloure la suavitat en el meu traç. Perquè si no faig això, al final el traç dur sempre serà una cosa repetitiva. Per això incorpore esta espècie de degotats, qüestions un poc més etèries. Quant a la paleta, doncs sí, pot anar canviant, s'hi abaixa de to, però jo sempre em moc entre paletes molt restringides. En la passada edició d'ARCO, Álvaro Alcázar ens va comminar a treballar amb el roig. Llavors, clar, tot el meu estudi es va tenyir d'este color. I posar color roig en un traç tan potent com el meu era complicat. Però assumisc que sí, que he incorporat uns certs degotats, que no són successions de gotetes pictòriques, sinó que són degotats fets en un traç enorme.

L'exercici és complicat, perquè estàs intentant domar la pintura. És a dir, domar eixe traç perquè que es fique eixe element més suau en alguna cosa que en un principi és agressiva per naturalesa.

Sí, per naturalesa. Mira: eixa paraula m'agrada més que la de ràbia. El meu traç no és de ràbia. Jo no estic rabiosa. Una persona no pot estar així davant d'un llenç. Seria com un escriptor que es posa davant d'un paper i ho fa rabiós. Has d'estar relaxat. I gràcies a estos degotats, a estes formes tènues, en intentar estudiar els meus companys, perquè jo observe molt, eixes coses que puc aprendre i que puc incorporar, tot es modula. La pintura és una eterna desconeguda. Molts pensen que s'acaba en els anys 50. Gran error. I jo tinc companys meravellosos des dels quals amplie la meua visió. No fa falta que siguen pintors, sinó autors que es dedica al dibuix, al *digital art*, al *street art*... Per exemple, quan comence un quadre, jo no el faig amb una brotxada. Jo agafe un esprai de carretera. Això ho faig des de 2008.

En definitiva, convides a curar l'ànima amb este conjunt, i que la sanació siga compartida amb el públic. En quin sentit?

Jo crec que és en observar. En observar. Soc una persona que li costa molt deslligar-se del seu treball. A mesura que vaig avançant, sí que estic aprenent a fer-ho. En este cas, en entrar en el Palau Valeriola, seu de la Fundació Chirivella Soriano, és molt més fàcil per les escales, pel context palatí. Jo convide que l'espectador observe l'obra i busque el que l'atrau: a alguns és el color, a uns altres, el traç... El passeig pel palau ja els conta una història. Mira: a mi el que m'agradaria és que s'oblidaren que tot això soc jo. Jo com a pintora. Cal intentar observar la pintura des d'una mirada neta. Com quan vas a confessar-te a un capellà o fas un retir de silenci o una meditació.

O siga: eres una mèdium.

Puc ser una mèdium. Perquè tots, tots en el fons, busquem el mateix. Al final tots perseguim estar bé. I al final l'important és l'amor. L'amor en tots els sentits. Si no hi ha amor, no es pot fer la mitat de les coses. I això ho aprens amb el temps. No pots arrossegar el ressentiment. La meua professió, el nostre camp, és suposadament el més liberal, però al cap i a la fi és també el més retrògrad i el que més jutja. Intentarem que vegen el meu treball d'una forma lliure i neta. Desprejuïciada també, clar. I si m'he adonat que és madur és perquè també em deixa una certa llibertat. M'han passat moltes coses alhora. En poc temps. En molt poc temps.

Al llarg de la teua trajectòria, t'has permés el luxe de treballar amb suports poc convencionals com ara matalassos o portes d'electrodomèstics. Ací tornes als materials més tradicionals: el lli i el paper. És una "regressió" o una "cerca d'essències"?

És una cerca d'essències a ultrança. I crec que al final cal ser senzill i net. Millor comprar-te un abric de Loewe que 40 samarretes de Zara, ho entens, veritat? A vegades em pregunten per què no torne als matalassos. Doncs perquè això ho vaig fer en un moment determinat i perquè l'únic que es va atrevir a exposar-ho va ser Fernando de la Torre, amb el qual vaig fer una exposició fa deu anys en La Gallera. I ja està. És un moment determinat de la meua vida que va sorgir així. I ja era el principi dels traços, només que un traç damunt d'un matalàs o un traç damunt de les portes d'una nevera. En el matalàs és on parim, morim, freguem. També mengem i passem molt de temps. I la nevera, doncs el mateix, d'ací "traiem" l'aliment. Fins a un cert punt, la porta de la nevera està ací. Però al final cal buscar l'essència, la simplicitat.

Retorne al llenç i al paper: Per a algú que treballa de forma tan expressiva sobre el suport com tu, que la pintura ja per si mateix sembla un traç, un esbós, una intuïció, com separes el treball pictòric del treball de dibuix?

Els meus papers són dibuixos. Dibuix i res més. El meu traç és un dibuix i realment, quan estic treballant, crec que les meues pintures de gran format realment són dibuixos. Són uns traços que conten una història. El que passa és que, per dicotomia, l'espectador pensa que si alguna cosa està pintada damunt d'un llenç és una pintura, però pot ser un dibuix. Al final, un dibuix és una successió de punts, amb la qual cosa es crea una ratlla o una línia, i ja està. Això pot ser la forma d'un peu o deixar-ho de manera més abstracta.

Potser la diferència és el temps com a material: Invertixes més temps, més material de temps, en la pintura que en el dibuix?

És que utilitze el mateix temps perquè tot s'executa a la mateixa vegada! Si no, no funciona. No pots. És com quan coneixes una persona: Tu quant de temps has d'estar amb algú per a saber que hi estàs a gust? Tu hi poses el teu temps. "En quant de temps has pintat eixa peça?" No és el temps executable l'important, sinó el procés que ve abans. Perquè això està ací.

L'estudi està ací. Jo treballe cada dia, Javier. Cada dia m'alce a la mateixa hora. Passege el gos, Pollock, que ve amb mi al taller. Allí seguisc el mateix ritual: em pose la cançó del dia, em pose a treballar, em fume un cigarret, dos, tres, quatre, i els llenços estan ací, i el paper està grapat a la paret. Pinte amb llum natural. Això és meravellós. En l'estudi hi ha formats ja muntats. Poden haver-hi uns deu llenços preparats, que poden ser de 190 per 150 o de 250 per 185 centímetres. I després, moltíssim de paper: grapat a la paret, per terra... I a més de diferents textures... Et confesse que amb esta exposició he aconseguit ja no tindre-li por al llenç, com no en tenia amb el paper. A mi no m'ha imposat mai el suport. M'és igual que siga paper, llenç, un tros de fusta. És una cosa bidimensional que està ací i sobre la qual tu treballes; a on expresses el que et passa de la punta del peu a l'estómac, el cor i el cap, per a tornar a l'estómac, perquè ací és d'on ix tot.

Ho has esmentat: La música juga un paper fonamental en la teua tasca. Eixa cançó del dia quan comences a treballar. Admets que component esta sèrie has escoltat molts temes dels huitanta. Com es filtra la música en el treball?

Vaig tornar esta vegada a la música dels huitanta perquè les seues lletres són quasi, quasi poesies. La música de La Movida, que a vegades és adorada i altres és renegada. Ja ho he dit: soc una gran melòmana. Visc en un poble en el qual quan tens quatre anys t'apunten a la banda de música i, sí o sí, has de saber de música. Ara he començat a escoltar una llista dels huitanta que em va passar un amic en què hi havia Esclarecidos, Kaka de Luxe, Décima Víctima... La vaig fer meua de nou. Vaig descobrir que feia un temps que no escoltava Franco Battiato i vaig recordar que jo també era seguidora de la música de la Ruta del Bakalao. I que durant moltíssims anys vaig estar vinculada al jazz... Així que es pot dir que tant em pose Amparito Roca com música clàssica... Clar que tot això arriba a les obres!

Les de la mostra són, doncs, recorrent als gèneres tradicionals de la pintura, "paisatges" de l'ànima, "retrats" en primera persona, o "escenes de batalla" i "natures mortes" íntimes?

Jo crec que són escenes de batalles i natures mortes íntimes. O *polvos*. Sí, sí, sí! *Polvazos*! Amants! Natures mortes íntimes... Perquè jo volia tindre tot un mural sencer que es diguera 'La tirania de la llibertat', que al final ha acabat amb una eclosió en una altra cosa. Tot passa i tot queda. Al final el temps és perible i l'important és l'ara, el futur és ara. I el que tenim darrere. Cal quedar-se amb tot el que hem viscut. Jo tinc una gran quantitat d'imputs de gent que passa per l'estudi. Visc en un poble de tres mil cinc-cents habitants. I són les mateixes fílies i les mateixes fòbies que es viuen en un suposat món intel·lectual. Tinc una altra sèrie que es diu "Arponera", com la cançó d'Esclarecidos. Però és que enguany m'he posat a llegir "Moby Dick". En el seu moment, Yturralde em va dir, i m'ho he repetit un milió de vegades, que per a fer este treball has d'estar sol. Això no vol dir viure en soledat. Perquè la pintura o la labor creativa impliquen un compromís molt potent. Això és una droga.

Parles de la pintura com a acte de fe. A qui o a què t'encomanes tu a l'hora de treballar?

A mi mateixa. Això és com un matrimoni. Decidir dedicar-te a això és un acte de fe. Com quan te'n vas a la batalla o Colom va decidir que es feia Les Índies. O com en "Moby Dick". Jo sobrevisc amb el meu treball, sort que no soc professora, encara que a vegades sí que em criden de diferents màsters perquè parle des de la meua experiència professional com a pintora a l'alumnat de Belles Arts. I l'altre dia un alumne de màster em va preguntar exactament el mateix: "Com es fa això?". Doncs per a fer això has de tindre molta fe. I a partir d'ací, crear. Però sí: és un acte de fe, és un acte de fe absolut. Si no, com creuran els altres en el que fas? Però també has de tindre puntals que creguen en tu: amics, companys, galeristes... Això és una marató. Com el poema de Cavafis "Camí d'Ítaca": Si deixes d'estar en el camí, desapareixes. Mira: Jo cap a 2018, en la primera exposició que va inaugurar l'acord entre el Consorci i la Fundació Chirivella, em vaig proposar que havia d'exposar ací. I ací estic. Soc conscient del tipus de treball que faig. Ho soc. Per això és un acte de fe total.

Hi ha una frase teua molt bonica: afirmes que defenses el valor del primer traç i la inutilitat de l'últim. Això és perquè la pintura l'acaba l'espectador?

Sempre. Per això et dic, Javier, que les persones que estan al meu voltant, companys, amics, no veuran l'obra igual que una persona que ve de fora. Per a mi, la mirada dels primers és importantíssima. Per això vaig decidir al final no usar un traç tan plàstic, sinó que fora tot més solt o amb l'esprai. I l'últim a vegades fins i tot no el faig ni jo. Ve ma mare i m'insinua: "Això està acabat". O li envie una foto a Álvaro Alcázar, el meu galerista i el comissari de la mostra, que és com si fora la meua parella, i em diu: "Escolta, mira, això ja està". A mesura que he fet esta exposició he après a parar. "Per a començar, parlem d'una altra cosa", deia Juan Galdeano en *Metta* en 2008. Viatge pel món amb un muntó d'escrits: els de Juan Muñoz, els de John Berger...

En analitzar el teu llenguatge abstracte s'esmenta molt eixe gest expressionista. Pintar és posar en orde un cert caos interior o simplement visibilitzar un embull de sensacions?

Crec que quan es referixen al "meu caos" és perquè em veuen com a persona. Pensen que soc una persona caòtica. Caòtica, controvertida, problemàtica... Per què? Perquè soc una persona que si he de dir les coses les dic. L'altre dia, parlant de l'apoderament de la dona, a algú li vaig amollar que jo no crec en tal cosa. Jo crec en l'apoderament del ser humà. Quan jo pinte no pense en el que tinc entre les cames. Soc una persona dura. Però això del caos ven. L'embrollament? Doncs sí, un cert embrollament mental existix. Quan tu comences a estar en pau, això es reflectix. Però no sols es reflectix en la pintura, sinó també es reflectix quan escrius. És la maduresa biològica la que ens fa estar més tranquils. Però també pot passar una altra cosa, que és el que li va succeir a Frank Estela, o a de Kooning, que en els últims anys va arribar de l'embull a la simplicitat. Crec que el meu treball reflectix la meua zona de confort. Prepare una exposició que es titularà "Orión" i que crec cegament que és la meua zona de confort.

I com s'aconseguix que part de la crítica trobe lirisme en un expressionisme tan brut com tu el definixes?

No en tinc ni idea. No en tinc ni idea, perquè és que jo no vaig buscant això. És més, vaig provocant que es lleven del cap si el meu és el treball d'un home o una dona. I no vull que la meua abstracció es diga que és abstracció lírica. Què hauré de fer? Pintar-ho tot de negre? És tot el contrari de líric, és una cosa molt rotunda. El que sí que tenia clar és que no pintaria amb un blau Klein o un blau del Mediterrani. Cal buscar altres tipus de blaus, altres tipus de verds. I després estan els formats, enormes. Llavors, no sé d'a on es van traure això de l'abstracció lírica, però que diguen el que vulguen. Això és pintura pintura... O dibuix... Ara estic preparant un treball inspirat en "El lucero", de Mihai Eminescu, uns degotats enormes, i això és dibuix, no és pintura, encara que estiga fet amb pintura.

Tot i això, no negues un cert component social o polític en la teua labor. A què et referixes?

Em referisc al que et contava abans de l'apoderament i totes estes coses. Perquè jo soc una lluitadora per la igualtat. En tots els sentits: home, gos, gai, gat, gos... I moltes vegades això em produïx moltíssims problemes perquè pense que ja ha arribat un moment, nosaltres que ja anem cap als 50 i que hem viscut de tot, que no cal estar parlant de qüestions com estes. Eixe contingut és polític. Parlem d'això, de la llibertat en si, de la llibertat del ser humà. Perquè estem tornant arrere amb l'efecte cremallera. I al final esta societat ens està fent molt més retrògrads i molt més carques. I després, clar, jo vinc d'un poble a on hi ha molta memòria històrica. Dels dos bàndols. Franquistes i republicans. Al meu poble es pegaven tirs entre germans. Crec que la memòria és molt important i que no s'ha d'oblidar.

És inevitable que se'l relacione amb Pollock -és el nom del teu gos-, amb els Irascibles dels 50, amb Baselitz... No obstant això, em crida l'atenció que quan et pregunten referents no t'oblides de mestres de la pintura del Quattrocento. És compatible?

És inevitable. Jo parle de perspectiva, de simbologia, de com de bé sabien pintar... Jo utilitze els símbols cristians, els hebreus, això sempre ho tinc ficat al cap. El meu gos es diu Pollock, encara que potser s'haguera pogut dir Baselitz, però perquè tot el món sap qui és el primer, que a més per a qualsevol pintor jovenet es relaciona amb la visió que té del que és ser un artista. Però sí: els Irascibles de 1950! I Pollock no és que siga el meu pintor preferit, ni tècnicament, ni per descomptat intel·lectualment. Perquè la intel·lectualitat de la pintura, que sé que el que et diré és una contradicció al que t'he referit abans, és molt important. És a dir: per a fer tot això que jo faig s'ha de llegir molt, escoltar molt i veure molt. Però sobretot escoltar molt, i escoltae la gent que porta 25 o 30 anys de vida més que tu. I després, els que porten 25 o 30 anys menys que tu, perquè d'ells també s'aprén. Clar. En Instagram, en un nanosegon ho tens tot. I la pintura paleocristiana, la bizantina, és que em tornen boja!

Són tres les plantes de la Fundació. L'exposició esbossa algun tipus de recorregut?

Sí, l'exposició comença amb dos sèries sobre els pecats i sobre les virtuts. Perquè existixen i tots hi caiem. La gent té por de dir que és gelosa o que sent peresa o enveja. Hi ha una peça que va demanar específicament Manuel Chirivella, una peça que es va exposar en l'últim ARCO abans de la pandèmia i que es diu "Landscape", que és un paisatge, una espècie de paisatge anterior. I al costat hi ha "Camí a Ítaca", més fosc, amb més traços, eixos degotats... I clar, tot eixe to va pujant i l'exposició et va contant una història. Hi incloc unes "converses" amb David Nash, que és company meu en la galeria i que em va impressionar molt, un dels escultors de "Land Art" més potents. Curiosament, la peça que dona títol a la mostra no està en un lloc principal. Se situa en la tercera planta. I totes les obres conten la millor història o la millor versió que poden oferir ara mateix sobre mi. Això és despullar-se. Tots som Bárbara Rey o Nadiuska. I jo preferisc ser Nadiuska.

"Untdelemn", llavors, no ocupa un lloc destacable, però és l'obra més destacable de l'exposició?

No és l'obra més destacable, sí que és la més senzilla, elaborada amb un traç, un sol traç sobre un format de 2,15x1,85 m. Penja sola, en una paret. És un lli, però no tenia per què estar a l'entrada principal. Saps què? El muntatge és exquisit i és obra del comissari, que ha inclòs el buit entre les peces. Soc conscient que el meu treball pot arribar a cansar. S'ha buscat una certa senzillesa davant de l'esborrallament total.

Podríeu haver provocat un "terratrémol", que era com es va dir el projecte en origen, si no m'equivoque.

La meua amiga Minerva, que és una bona amiga, va ser la que em va donar a conéixer el concepte de "untdelemn". Ella és mitat romanesa, mitat grega. I em va agradar molt la paraula i em va agradar molt el significat. Ella també està dient-me sempre que soc un terratrémol. No obstant això, la meua vida ja no és així, ja no és tant un terratrémol, ja no són anades i vingudes. Llavors li ho vaig dir a Álvaro, perquè també es va considerar com a títol "Parar, pensar, sentir", que no m'agradava. "Untdelemn", crec que és una paraula que definix el que jo sent sobre la pintura, perquè, al cap i a la fi, és també oli, en el meu cas, de l'ànima. I és una paraula molt potent que fa pensar a la gent què és això, d'a on ve, a on va. Obliga a acostar-se a la cultura romanesa, a l'hebrea, al món jueu, que n'estem envoltats. Al cap i a la fi, Espanya és un país que acull totes estes cultures.

Atén, dius que pintes perquè no te'n queda una altra.
Pinte perquè he de pintar. Sí. És que això és així. A més, ho he contat un milió de vegades, jo vaig entrar en la facultat perquè volia fer el que tu fas: escriure d'art. I vaig pensar: "Bé, doncs abans d'escriure sobre art res millor que saber-me'n les tècniques". I vaig pintar. I pinte perquè jo no tinc paciència ni per a fer gravat, ni per a fer escultura, ni per a fer art digital... No. Ni per a construir una màquina que jo mateixa dibuixe. El meu treball és ràpid, és d'una execució ràpida. Tampoc podria fer el que fan Ian Argüello o Cristina Babiloni, que és abstracta i que ha d'esperar que s'asseque l'amalgama que genera. O el dibuix portentós i figuratiu de Kepa Garraza, que a mi m'encanta, però jo no puc. Perquè cada u tenim una manera de treballar. Però és que, això és, jo què sé, una forma de vida i una actitud davant la vida.

Em resulta curiós això que dius, que tu el que volies era escriure, i que per això et vas posar a estudiar les tècniques, és a dir, que eres la primera persona a la qual sent que la facultat de Belles Arts no la va decebre.
A veure, Guardiola, és que la meua generació va tindre la sort, almenys a València, d'haver comptat amb uns professors meravellosos. A mi em va fer classes Yturralde. Vaig conéixer Miguel Ángel García Cortés. Ens va donar tallers Julian Schnabel. En aquell moment, Justo Nieto era el rector de la Universitat. Nosaltres pertanyem a la Politècnica de València. Quan vaig fer l'exposició que es va titular "La cambra anecoica", només vaig haver de cridar al catedràtic de Física Arquitectònica per a ficar-me en una. Moltes vegades li ho dic als alumnes d'ara, que ja són de grau, que jo no soc graduada, soc llicenciada. Teníem unes possibilitats absolutes. Decebre't ells, no: et deceps tu sol. Cal ser conscient que estàs fent una carrera que és vocacional, i si no, ves-te'n i estudia AD. No faces Belles Arts per a després traure't una oposició.

Fernando Castro t'ha definit com "una pintora corporal". Pintes amb tot el cos?

Pinte amb tot. Em taque de dalt a baix. És més: és que balle. És que a vegades, m'agradaria tindre una càmera. Ara en soc conscient, que no m'havia passat fins fa sis mesos. Ara soc conscient del moviment que execute. M'emocione. Tinc com una espècie d'èxtasi de Santa Teresa. Orgasmes artístics. Quan veig el pinzell. Perquè els meus pinzells són brotxes de pintor de paret, o graneres. Fins i tot escombretes de bany. Per això em moc amb tot el cos. A part que ara el meu cos són 35 quilos menys que fa un any o dos. Així que em moc molt més bé. I crec que s'ha d'unir tot: cos, ànima, esperit. Tot.

Pertanys a una generació de pintors com Nico Munuera, Juan Olivares, Nelo Vinuesa; de València, que pinta des de València. Què heu aportat vosaltres a la disciplina?

A la disciplina, no ho sé. Però jo realment, encara que soc d'eixa generació, em sent més lligada A Miki Leal, a Fernando Clemente, a Ruth Morán... Per què? Pel llenguatge. Què hem aportat? A una part els diuen la "Generació Làtex" perquè utilitzen este material. Jo pertanc a la Generació X. I soc l'única xica, si ho penses en fred. T'has oblidat d'esmentar Sergio Barrera, l'únic que va vindre a la meua inauguració...

Em vas confessar que senties molt de respecte i pressió per tornar a exposar en la teua terra. Com has gestionat tot això?

Com ho he gestionat? Doncs ho he gestionat, els dos primers dies, malament. Després he demanat als meus amics de veritat que no em diguen res sobre el que han vist encara. Però el que està fet, fet està. Ací hi ha Rebeca Plana per a uns mesos. I, ara, doncs comencem a treballar per a altres històries. Però ho he portat malament. He portat malament tornar a exposar, no pel fet de mostrar l'obra. Soc una persona que tinc un poc de por a la història. Soc terriblement sensible i han passat massa coses. Per què no dir-ho? La gent té por de dir com se sent. Que es podria haver fet millor? Sempre es pot fer tot millor, no igual, però millor, sí. Sempre.

I, parlant d'estreles, quins deixants deixa això? Has esmentat adés "Orión" com una possible futura cita. Quines portes t'ha obert un projecte com este?

Doncs en breu arribarà una exposició individual amb Álvaro Alcázar, també algun projecte que farem a l'estranger. He de viatjar ara a França, als Estats Units... L'altre dia vaig tindre una conversa amb una persona en un sopar i que em va deixar el cos com un drap brut. Tant, que em vaig haver d'alçar i anar a fumar un cigarret perquè em va comentar que els artistes espanyols no pintaven res en el món de l'art en general. Era, a més, un col·leccionista. M'obsessiona això de la internacionalització de l'art espanyol i això de la compra d'art només per especulació.

En quin sentit?

Al final l'important és el treball d'un mateix, i que la persona que t'ajude a créixer cresca amb tu. L'altre dia em van donar un consell: assumix el que no vols perquè no saps el que vols. I la veritat és que és així, perquè el que vols no ho pots controlar. Som una generació, la dels artistes que tenim entre 40 i 50 anys, que està passant pel mateix que van passar els dels 80: tenim un potencial molt fort. L'únic problema és que durant moments determinats se'ns ha donat tantes possibilitats econòmiques quant a beques i premis que hi ha moltíssima gent que no sap el que és vendre un quadro a un client. Hi ha un tipus de creadors que viuen del "val més demanar beques que robar".

Assenyales: "Els pintors som creadors de sentiments i, òbviament, podem mentir." Em costa creure-ho, que mentisques tu, dic.

Jo no mentisc. No puc.

Llavors eres una mala creadora...

Pot ser que siga una mala creadora. Però no puc mentir, no puc. Se'm nota de seguida. No vaig a les inauguracions perquè se'm nota ràpid si allò no m'ha agradat.

Javier Díaz-Guardiola és periodista, crític i comissari d'exposicions. En l'actualitat és coordinador de la secció d'art, arquitectura i disseny d'ABC Cultural, redactor en cap d'ABC d'ARCO i autor del blog d'art contemporani "Siete de Un Golpe"

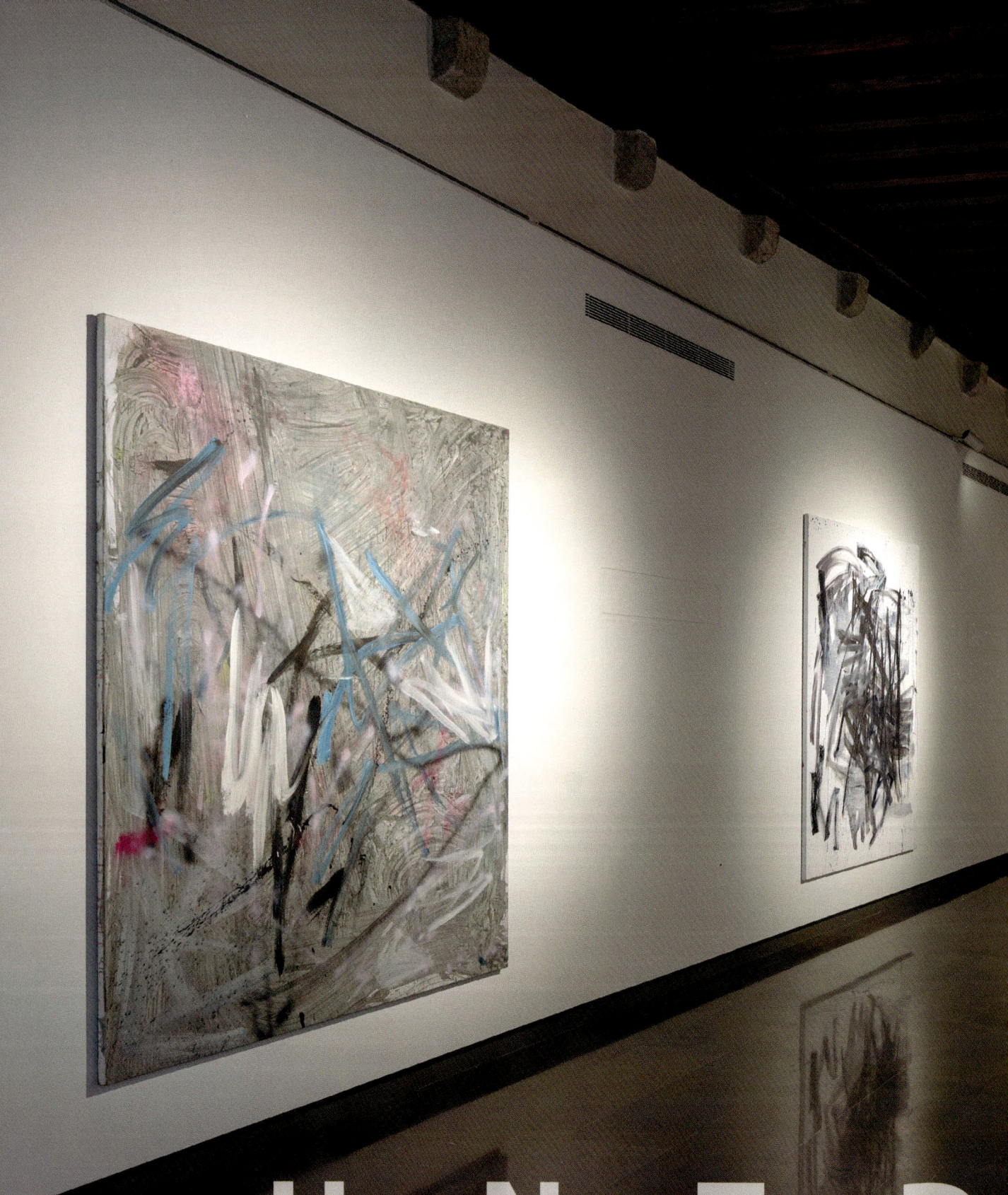

UNTD

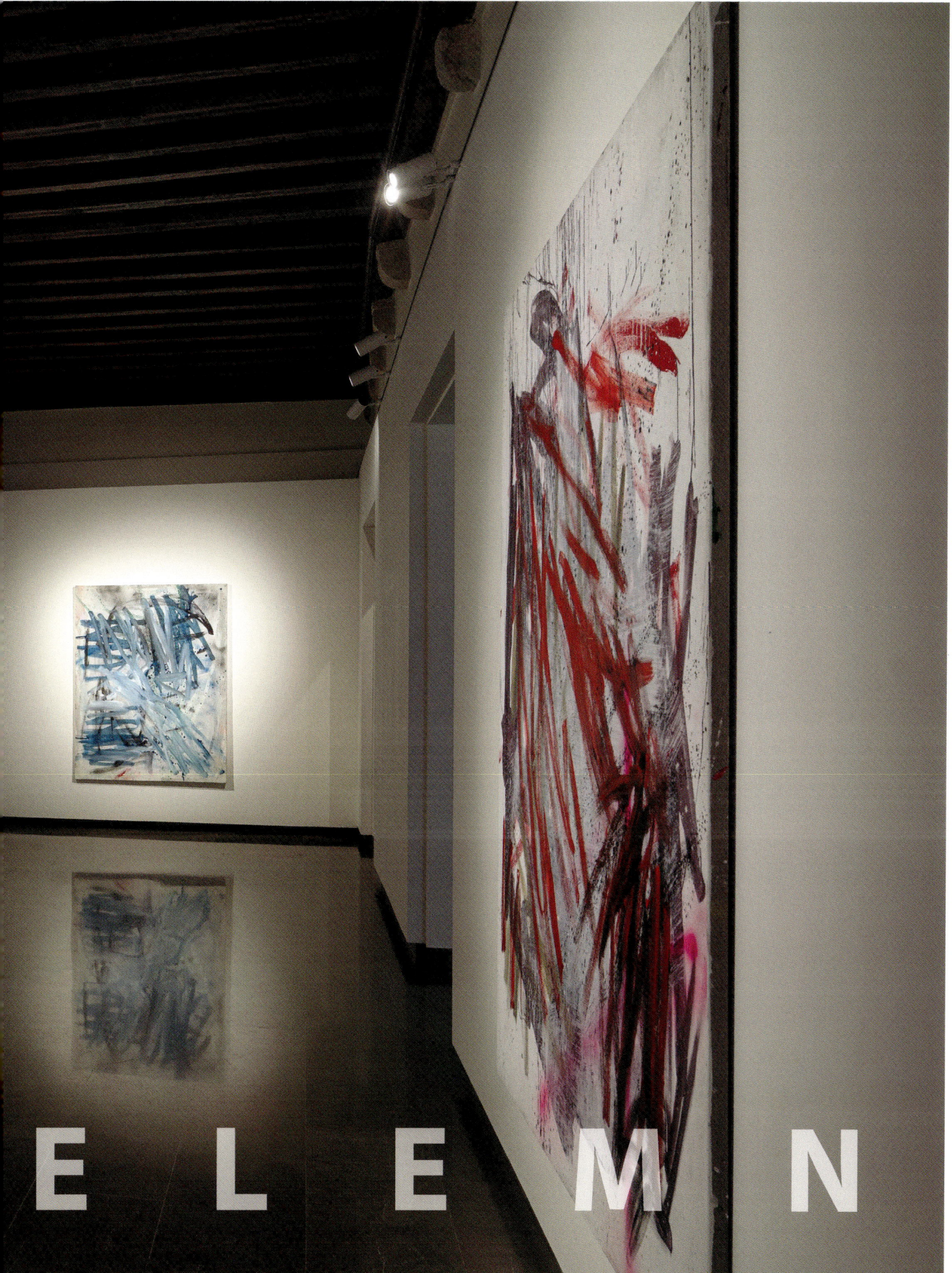

E L E M N

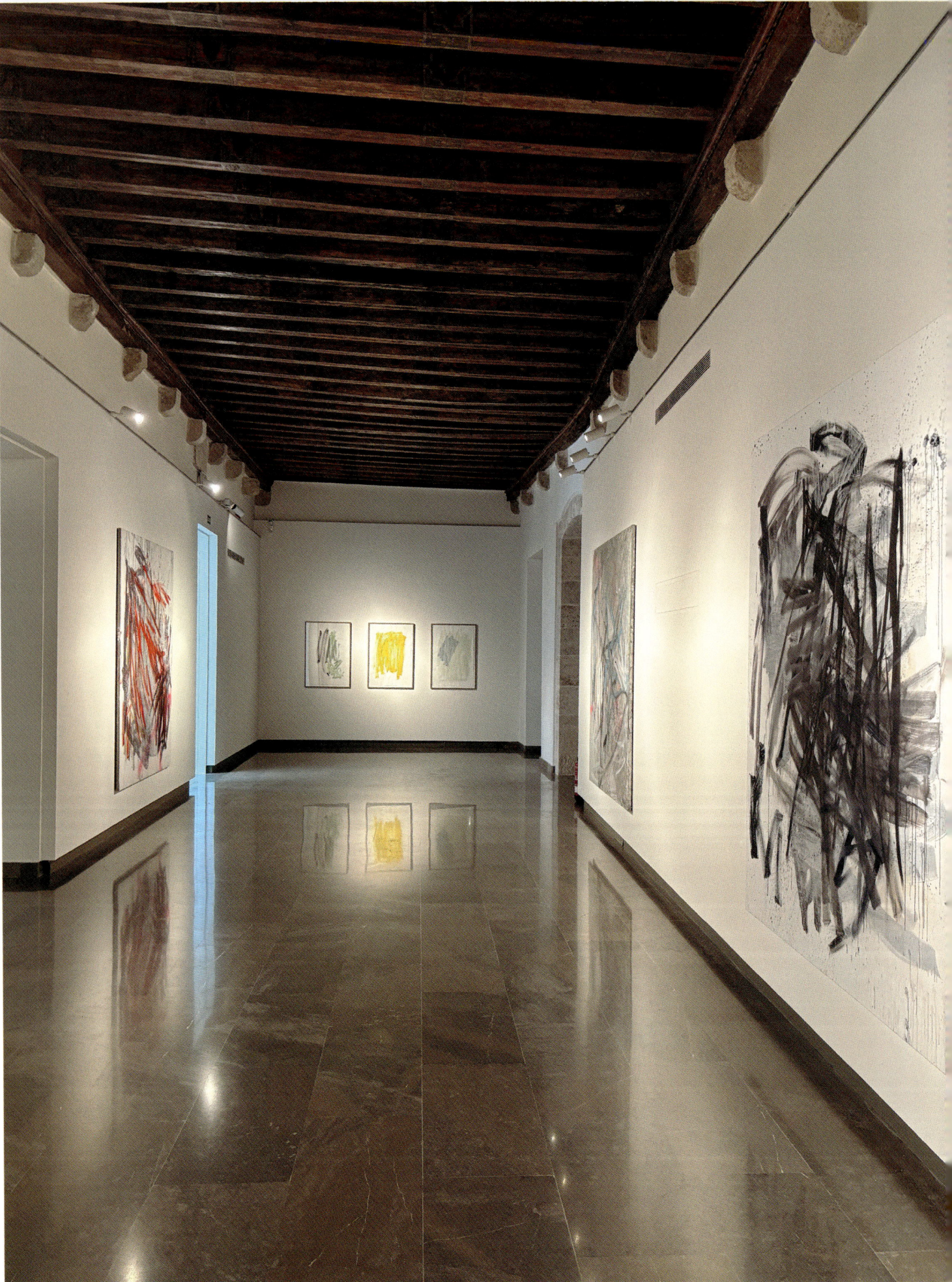

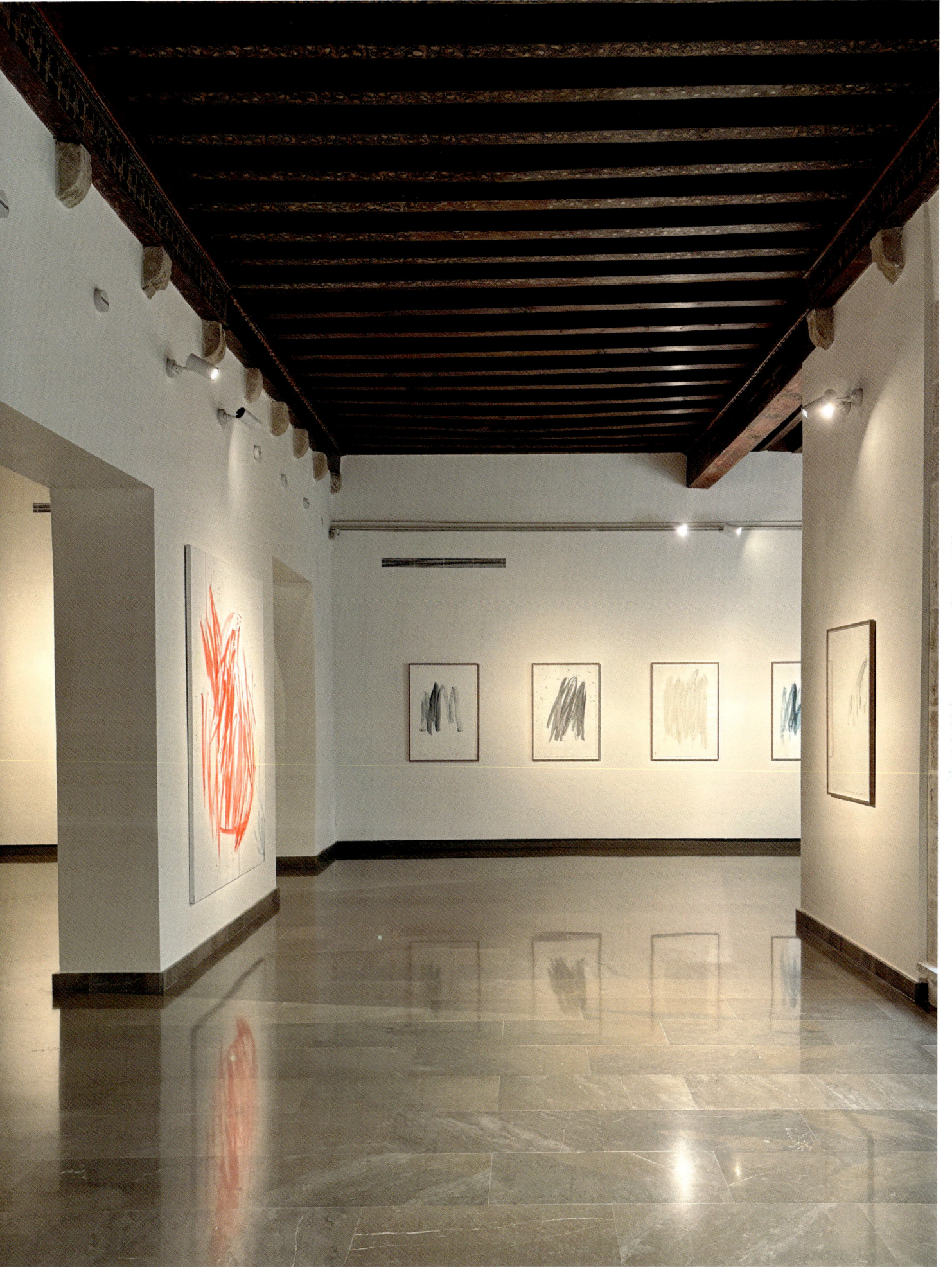

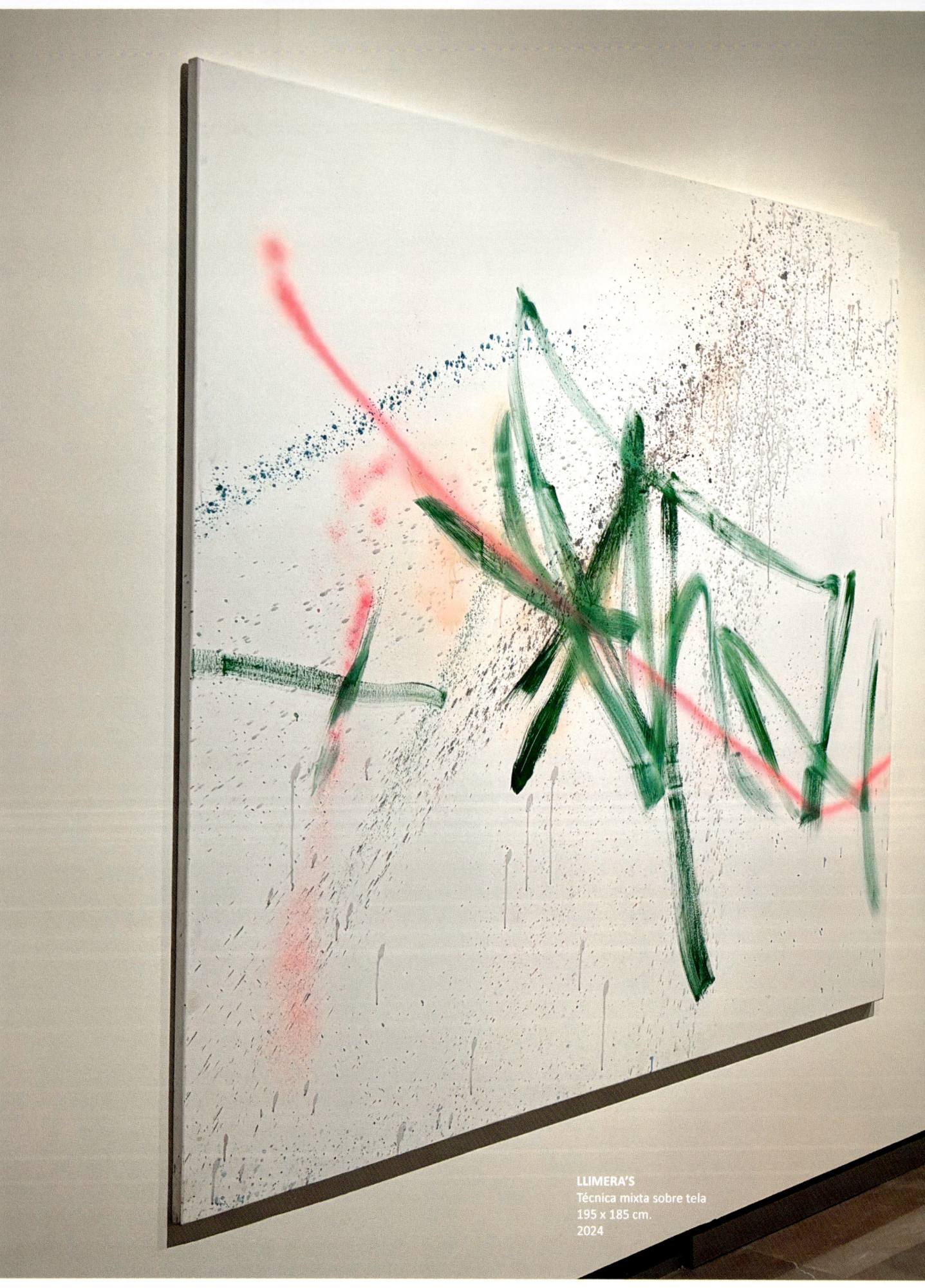

LLIMERA'S
Técnica mixta sobre tela
195 x 185 cm.
2024

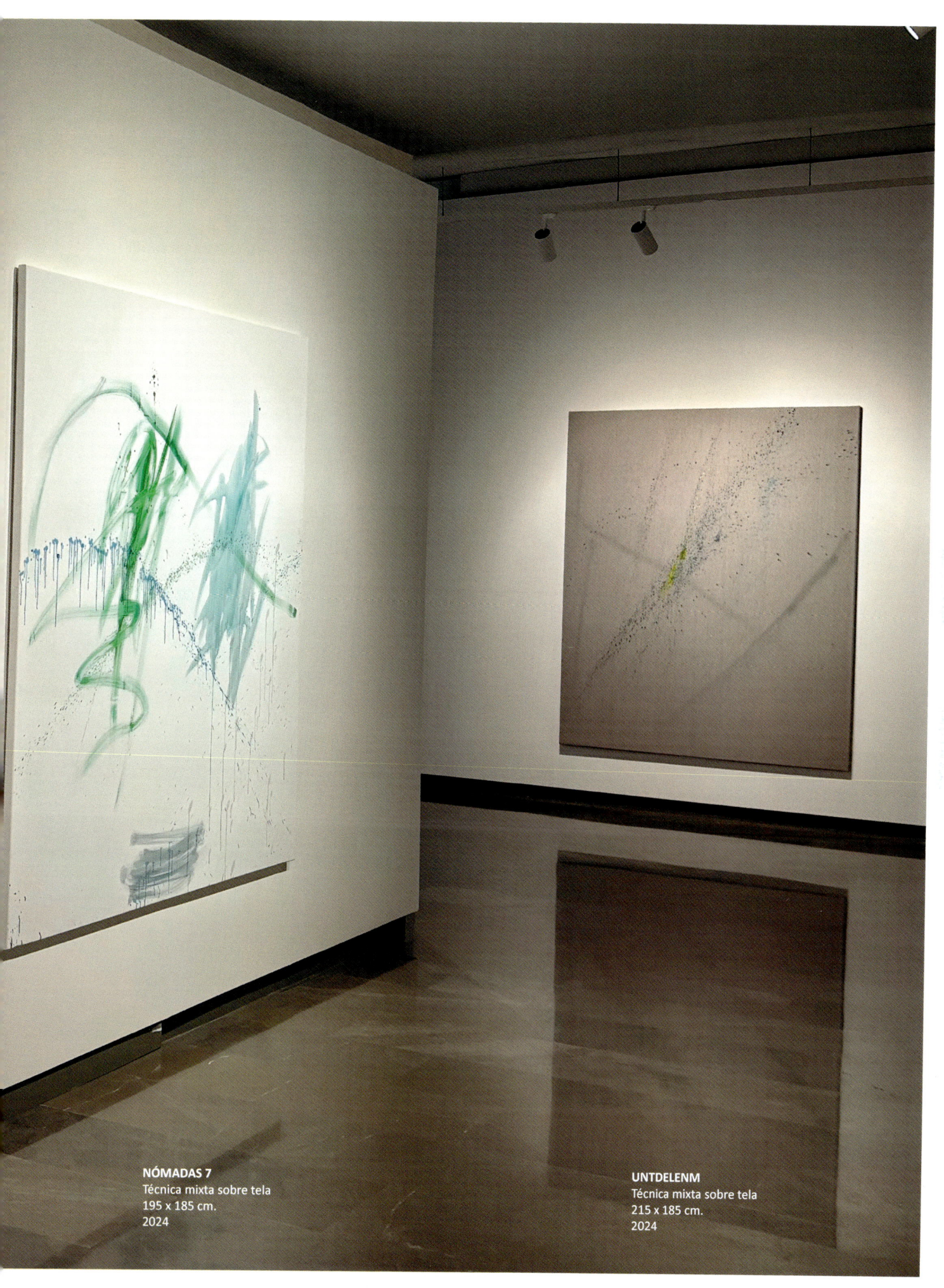

NÓMADAS 7
Técnica mixta sobre tela
195 x 185 cm.
2024

UNTDELENM
Técnica mixta sobre tela
215 x 185 cm.
2024

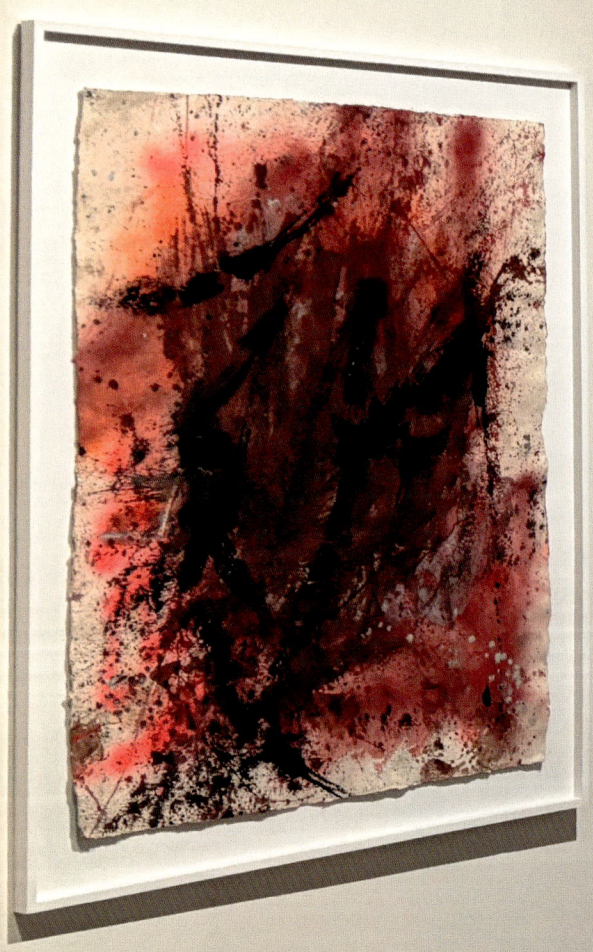

ANILAM
Técnica mixta sobre papel artesano de algodón
120 x 86 cm.
2024

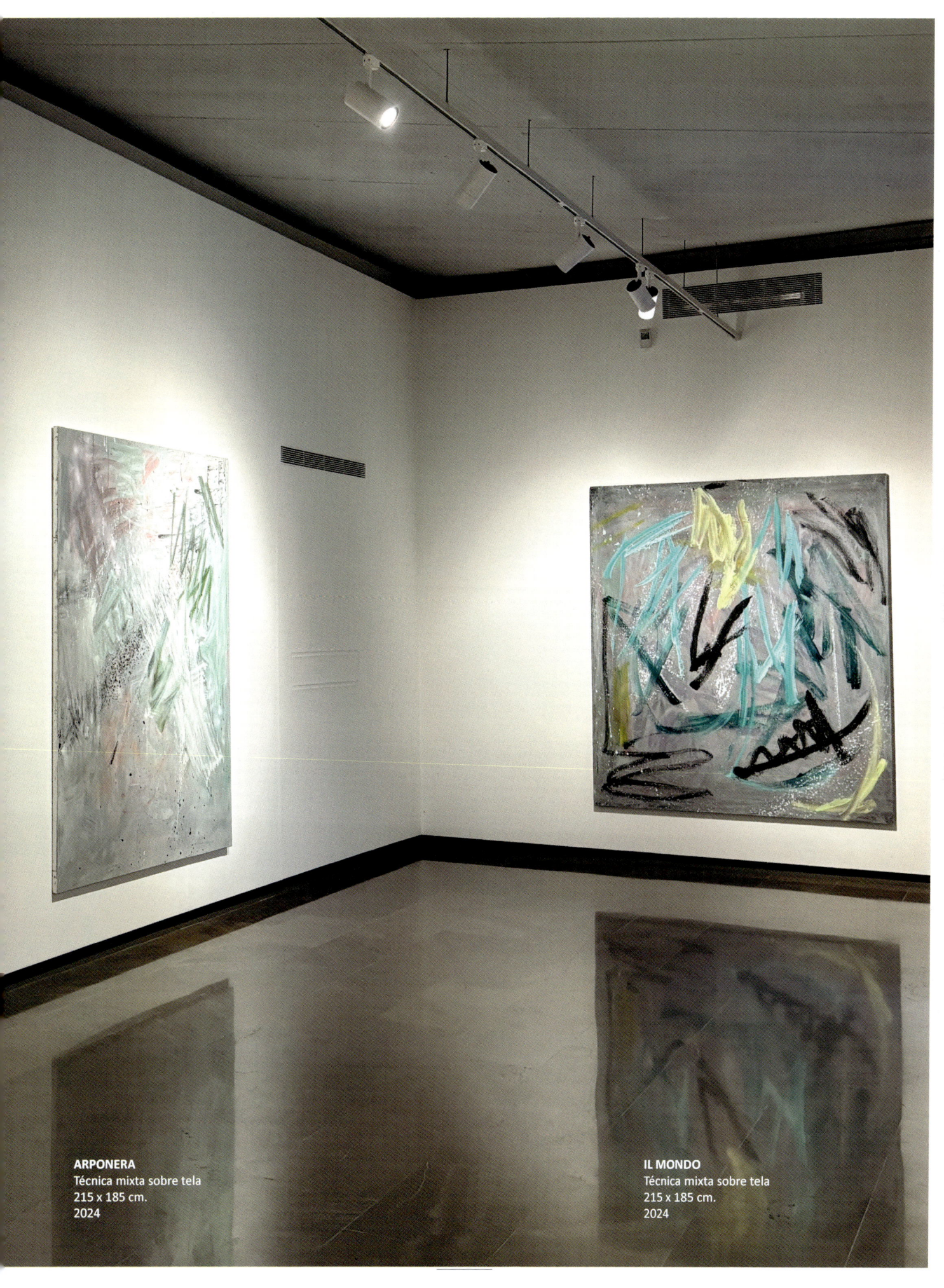

ARPONERA
Técnica mixta sobre tela
215 x 185 cm.
2024

IL MONDO
Técnica mixta sobre tela
215 x 185 cm.
2024

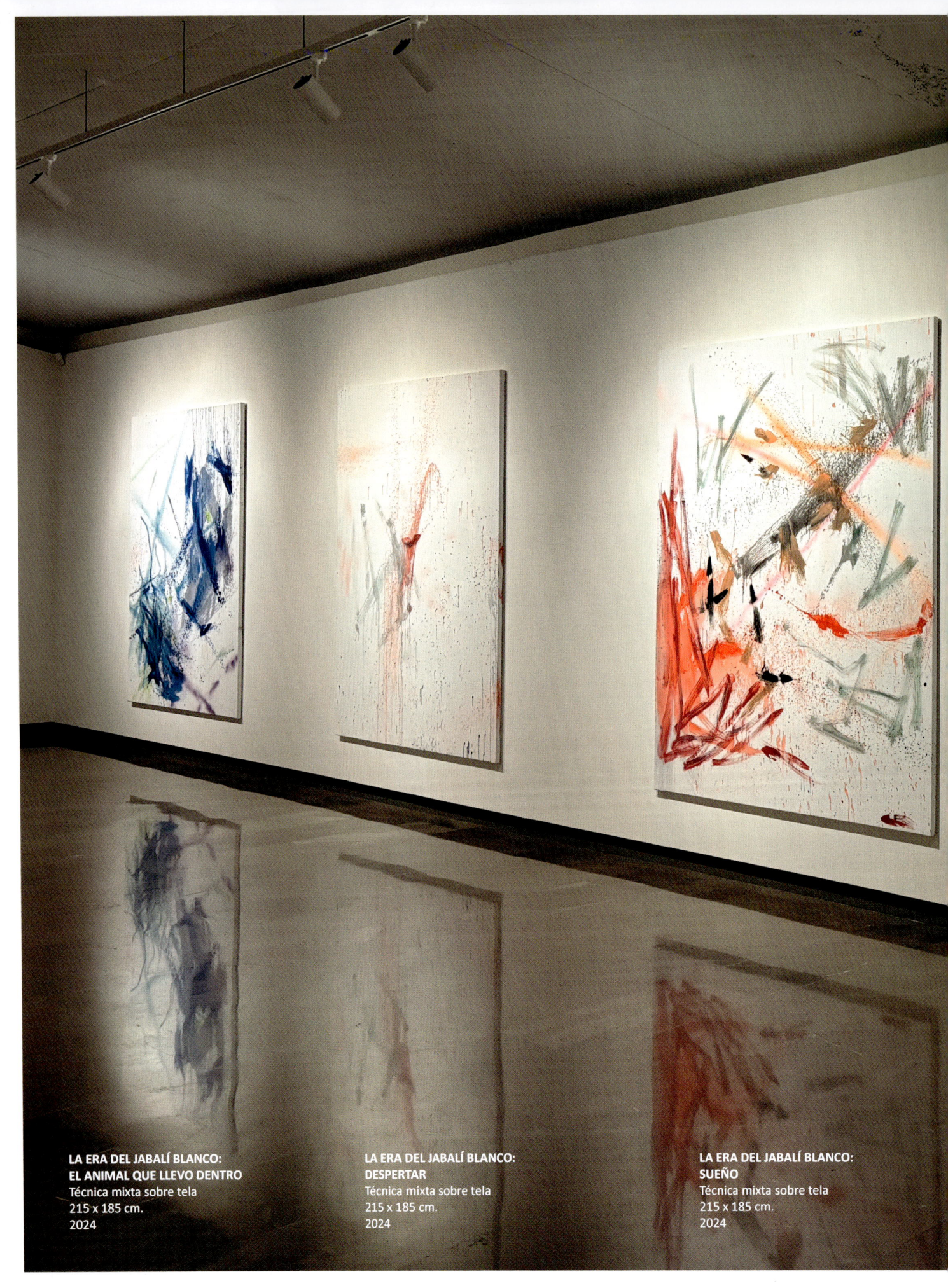

LA ERA DEL JABALÍ BLANCO:
EL ANIMAL QUE LLEVO DENTRO
Técnica mixta sobre tela
215 x 185 cm.
2024

LA ERA DEL JABALÍ BLANCO:
DESPERTAR
Técnica mixta sobre tela
215 x 185 cm.
2024

LA ERA DEL JABALÍ BLANCO:
SUEÑO
Técnica mixta sobre tela
215 x 185 cm.
2024

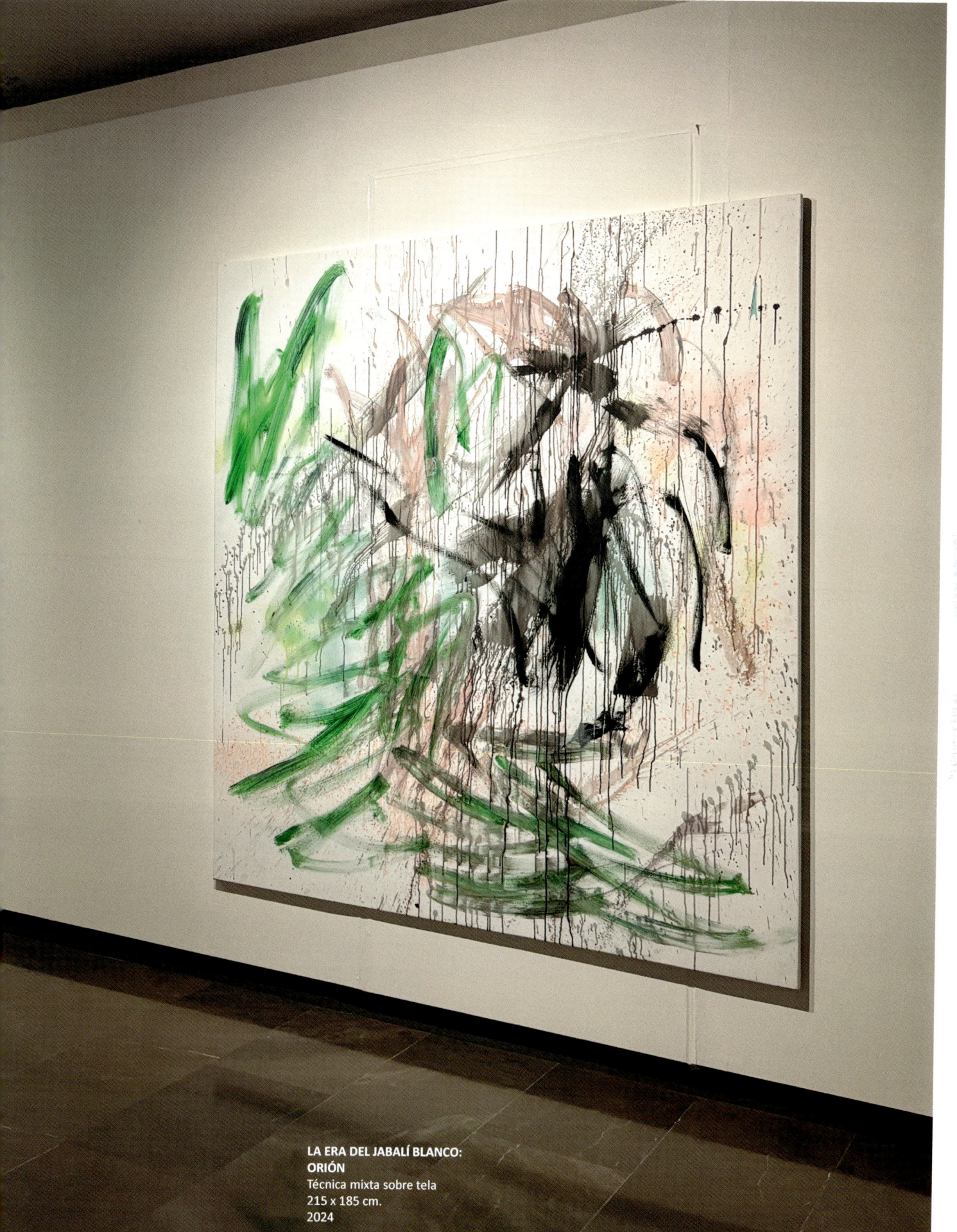

**LA ERA DEL JABALÍ BLANCO:
ORIÓN**
Técnica mixta sobre tela
215 x 185 cm.
2024

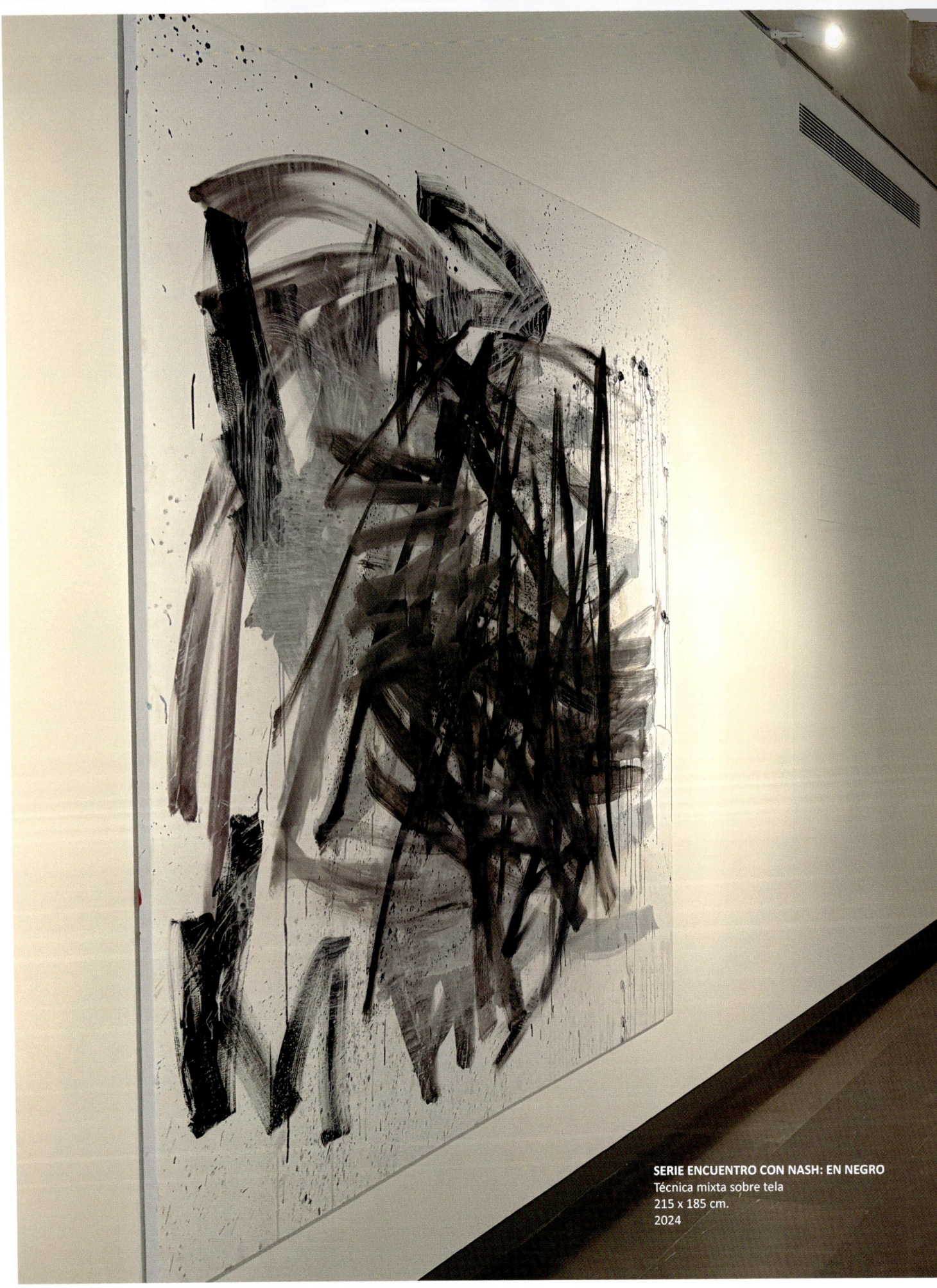

SERIE ENCUENTRO CON NASH: EN NEGRO
Técnica mixta sobre tela
215 x 185 cm.
2024

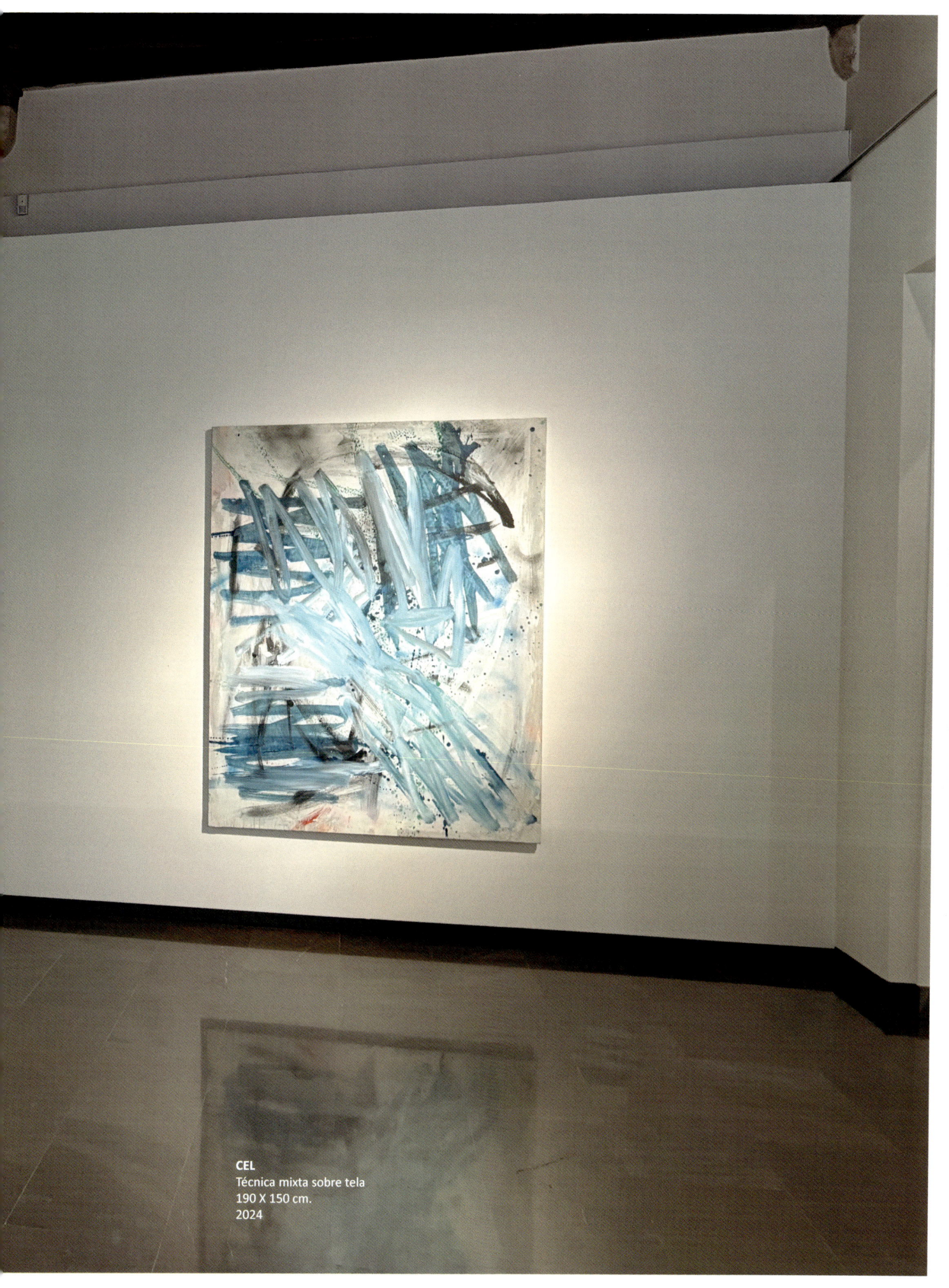

CEL
Técnica mixta sobre tela
190 X 150 cm.
2024

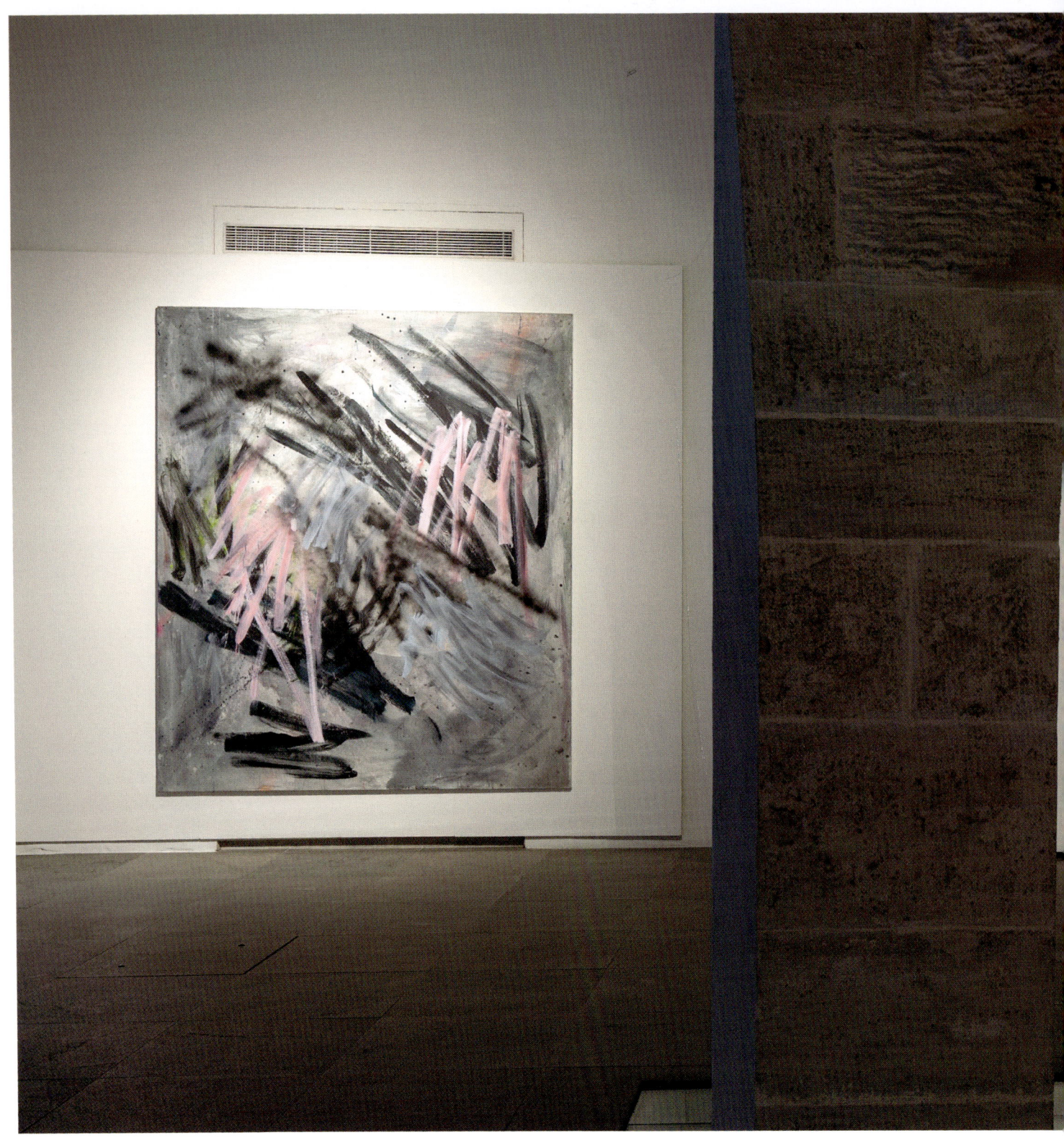

EL ALMA ESTÁ ÍTACA
Técnica mixta sobre tela
215 x 185 cm.
2024

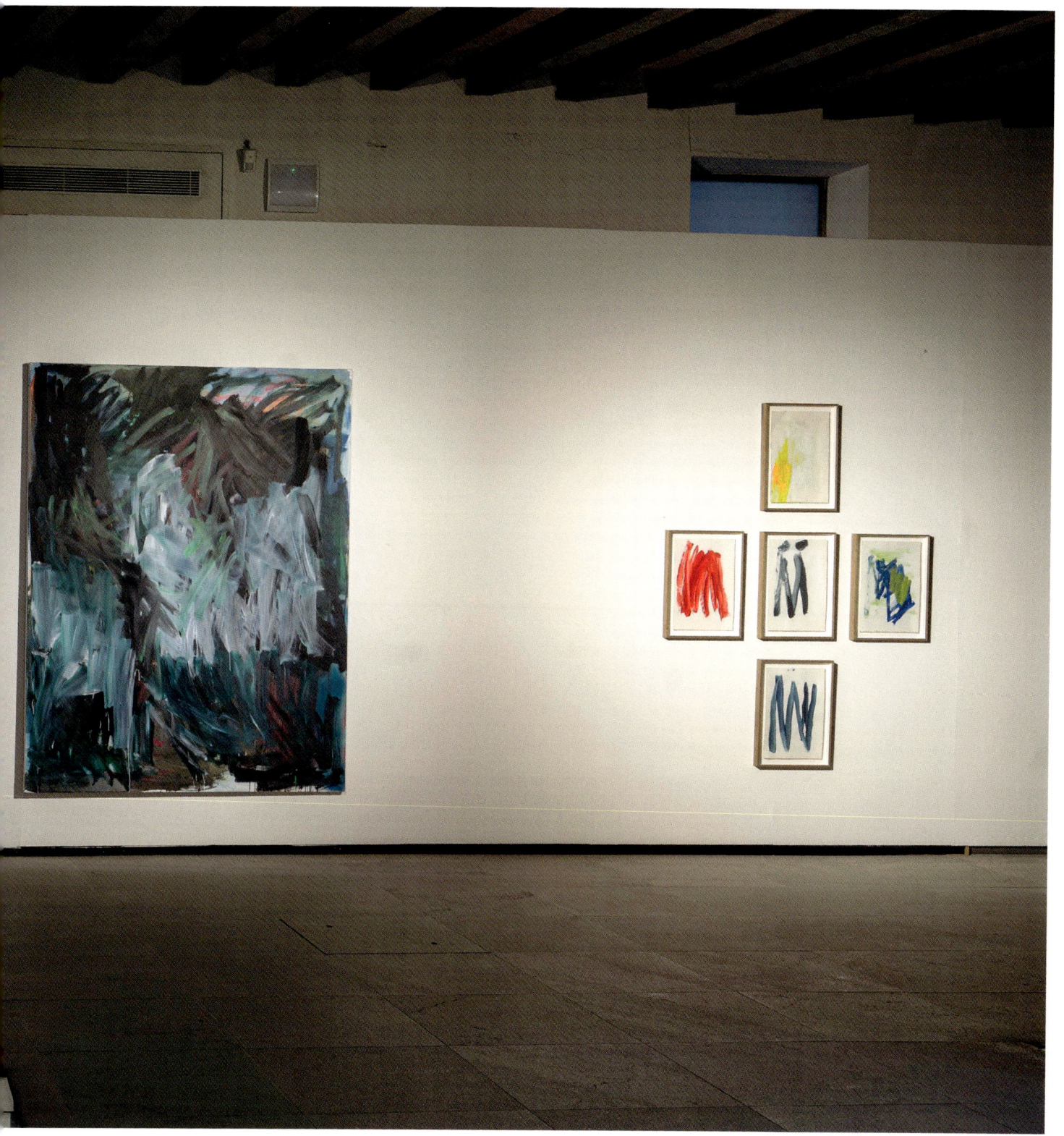

LANDSCAPE
Técnica mixta sobre tela
190 X 140 cm.
2022

HUBERT AL RESCATE
2 DE DICIEMBRE
MINERVA Y EL DESTINO
COMENÇAR DE NOVO
LEO Y LA DANZA
Técnica mixta sobre papel
29,7 x 42 cm.
2023

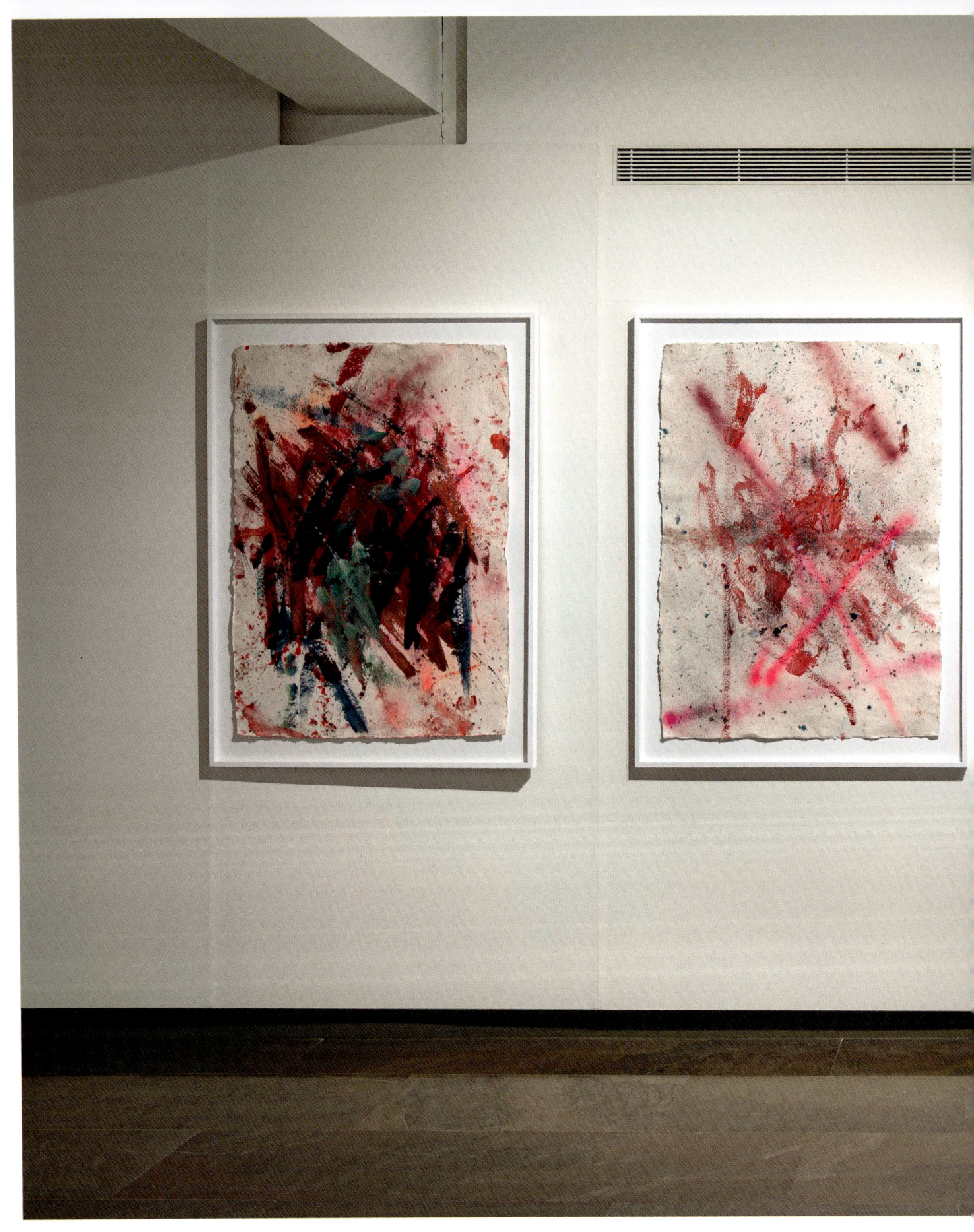

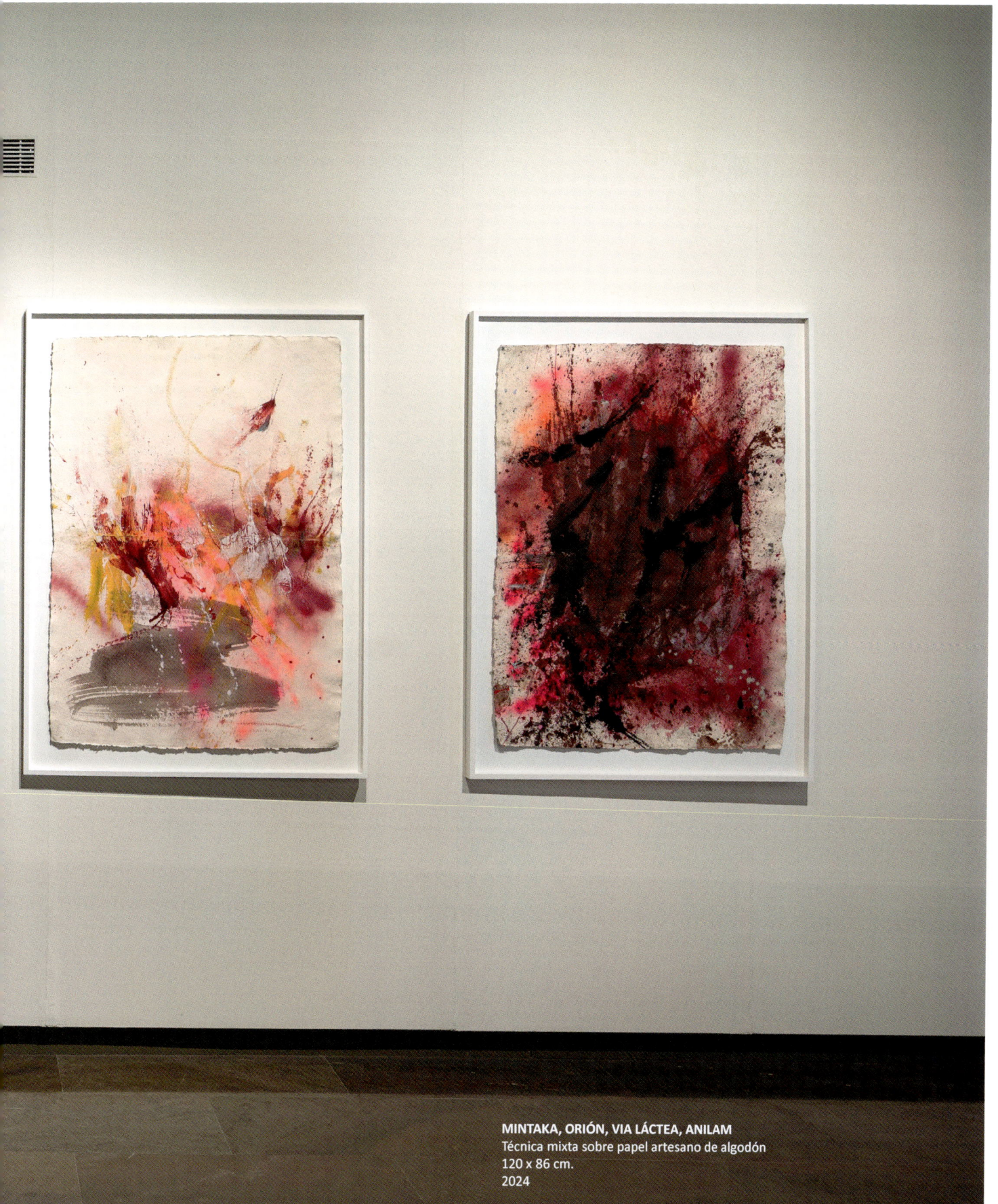

MINTAKA, ORIÓN, VIA LÁCTEA, ANILAM
Técnica mixta sobre papel artesano de algodón
120 x 86 cm.
2024

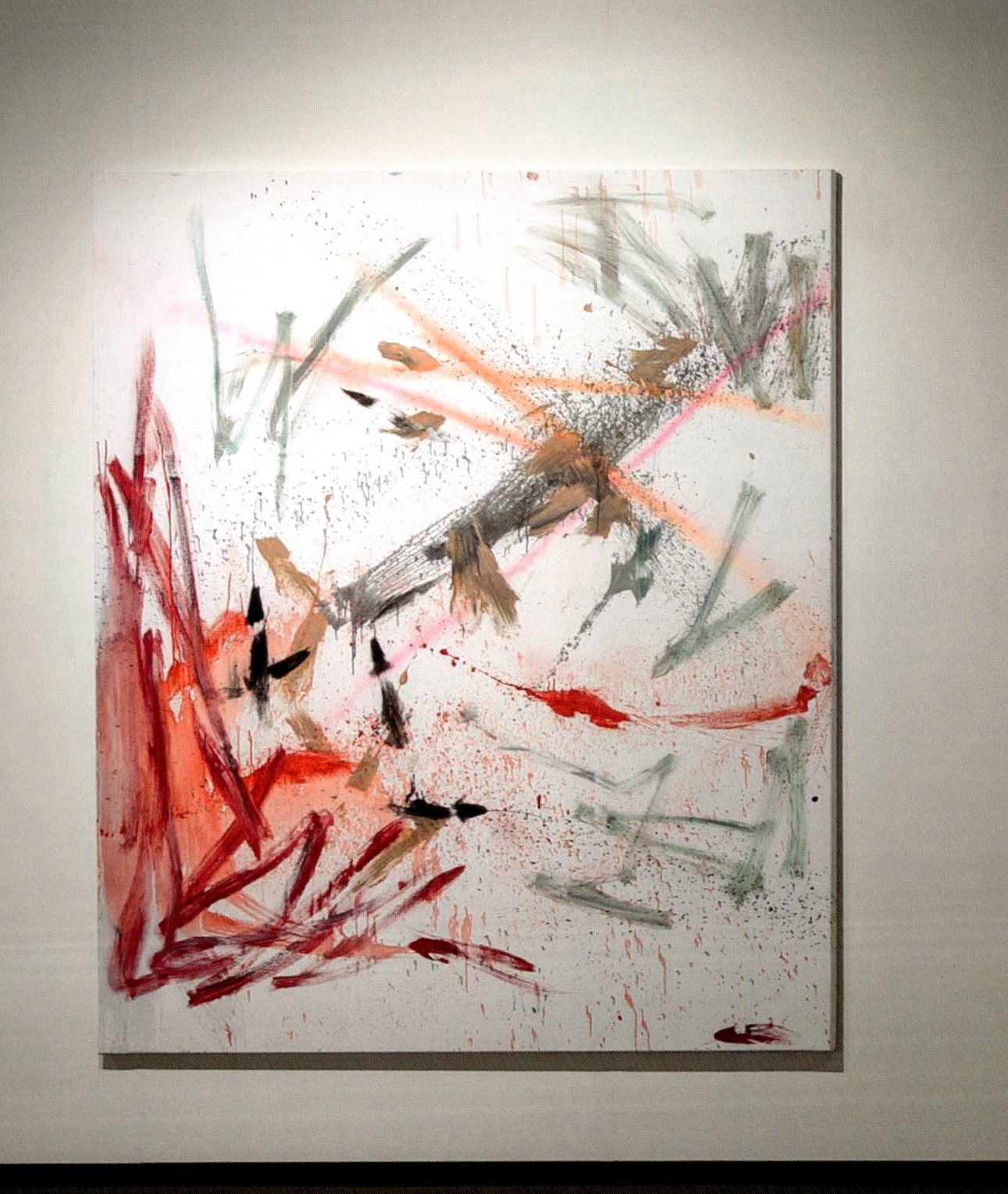

LA ERA DEL JABALÍ BLANCO:
DESPERTAR
Técnica mixta sobre tela
215 x 185 cm.
2024

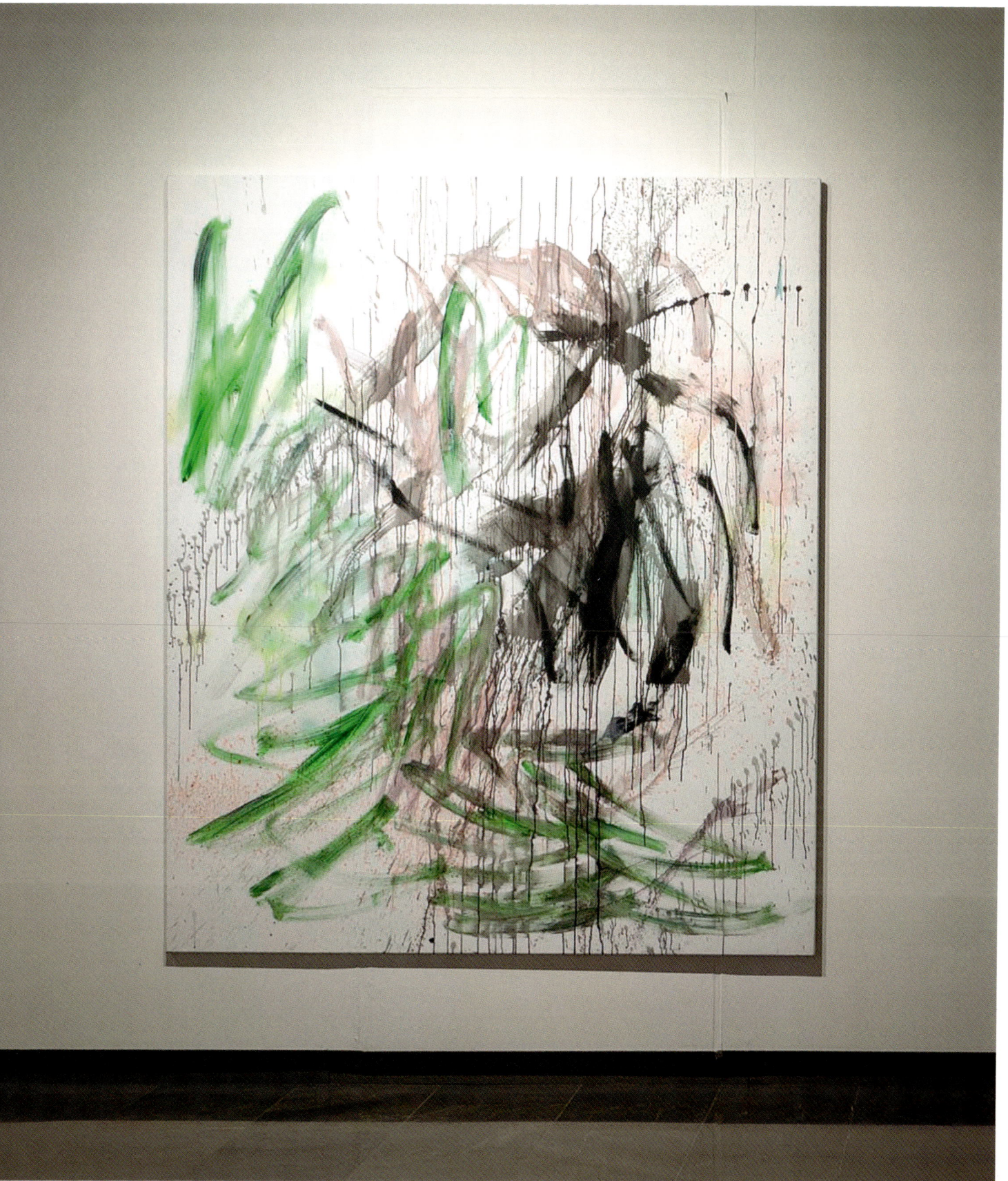

LA ERA DEL JABALÍ BLANCO:
EL ANIMAL QUE LLEVO DENTRO
Técnica mixta sobre tela
215 x 185 cm.
2024

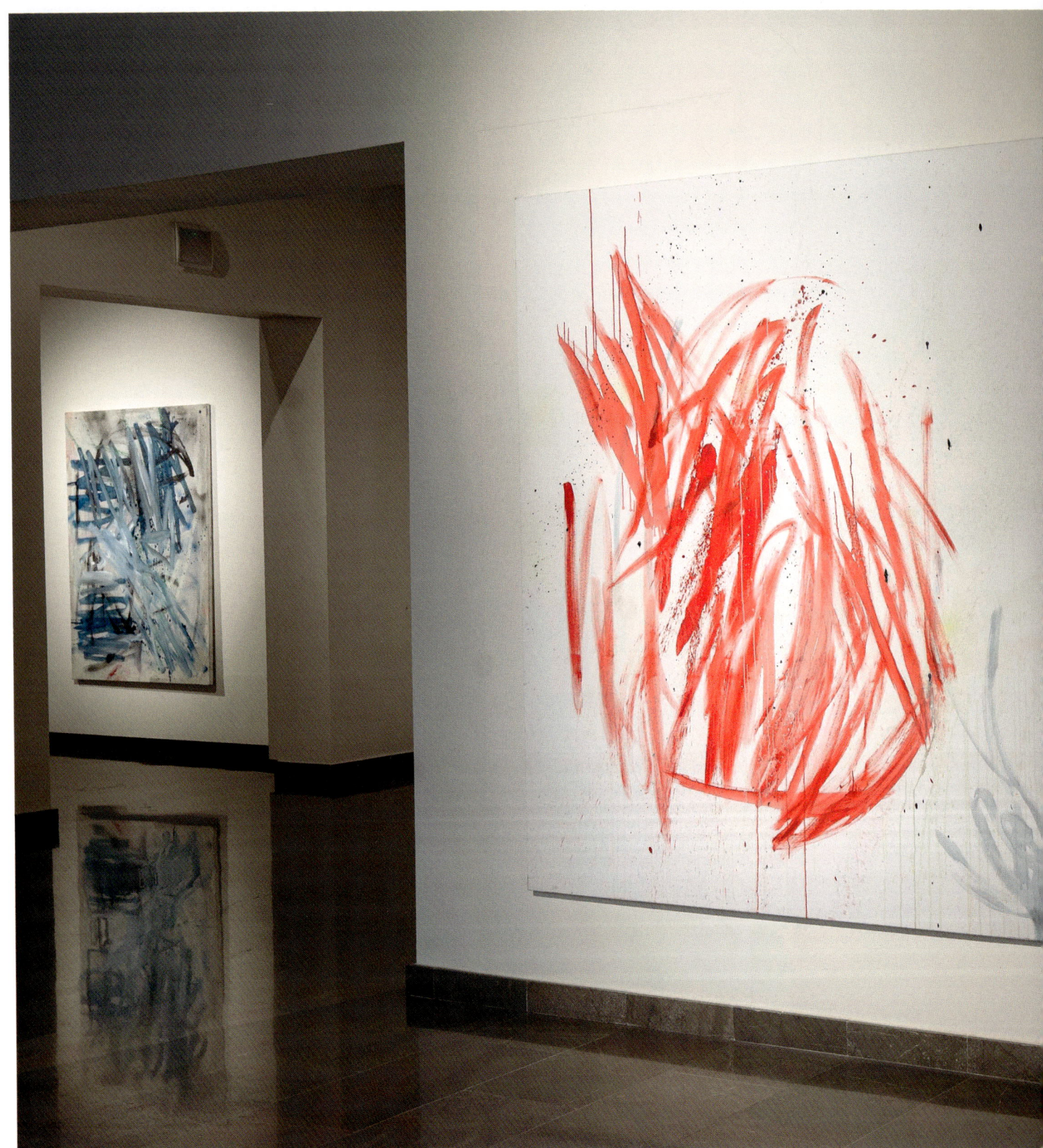

CEL
Técnica mixta sobre tela
190 X 150 cm.
2024

SERIE DE ENCUENTRO CON NASH: EN ROJO
Técnica mixta sobre tela
215 x 185 cm.
2024

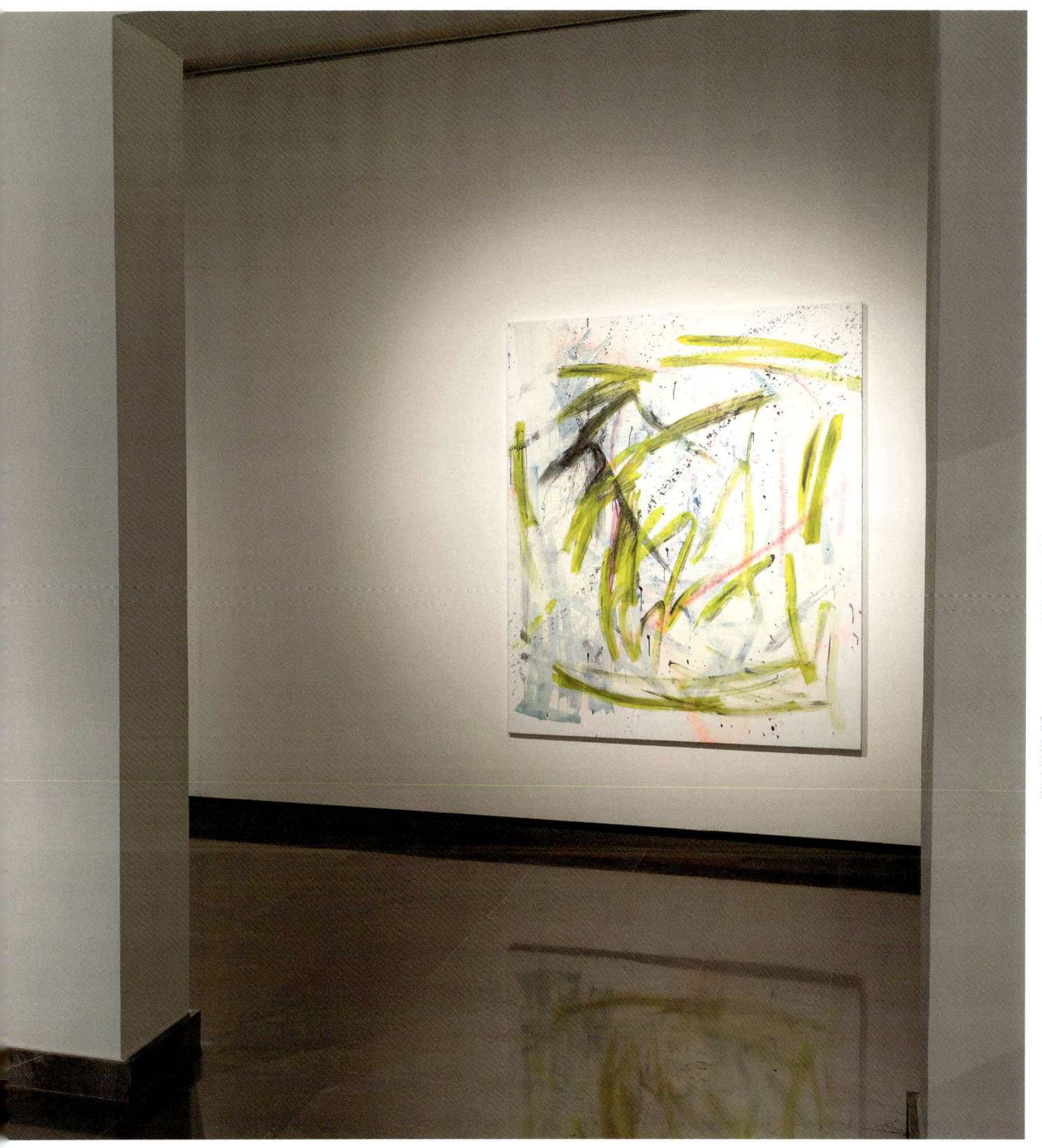

ALMA Y ACEITE
Técnica mixta sobre tela
190 X 150 cm.
2024

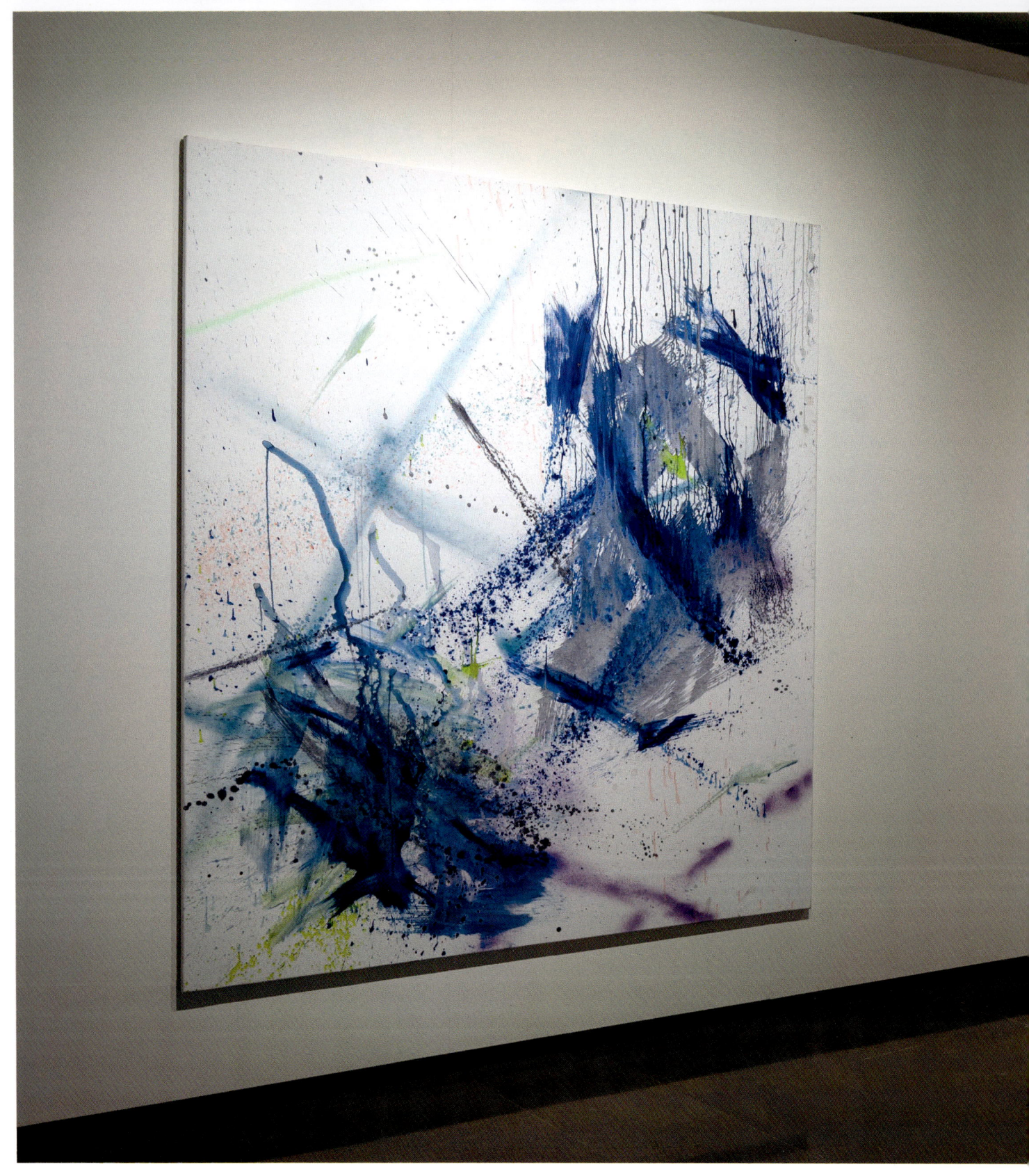

LA ERA DEL JABALÍ BLANCO:
ORIÓN
Técnica mixta sobre tela
215 x 185 cm.
2024

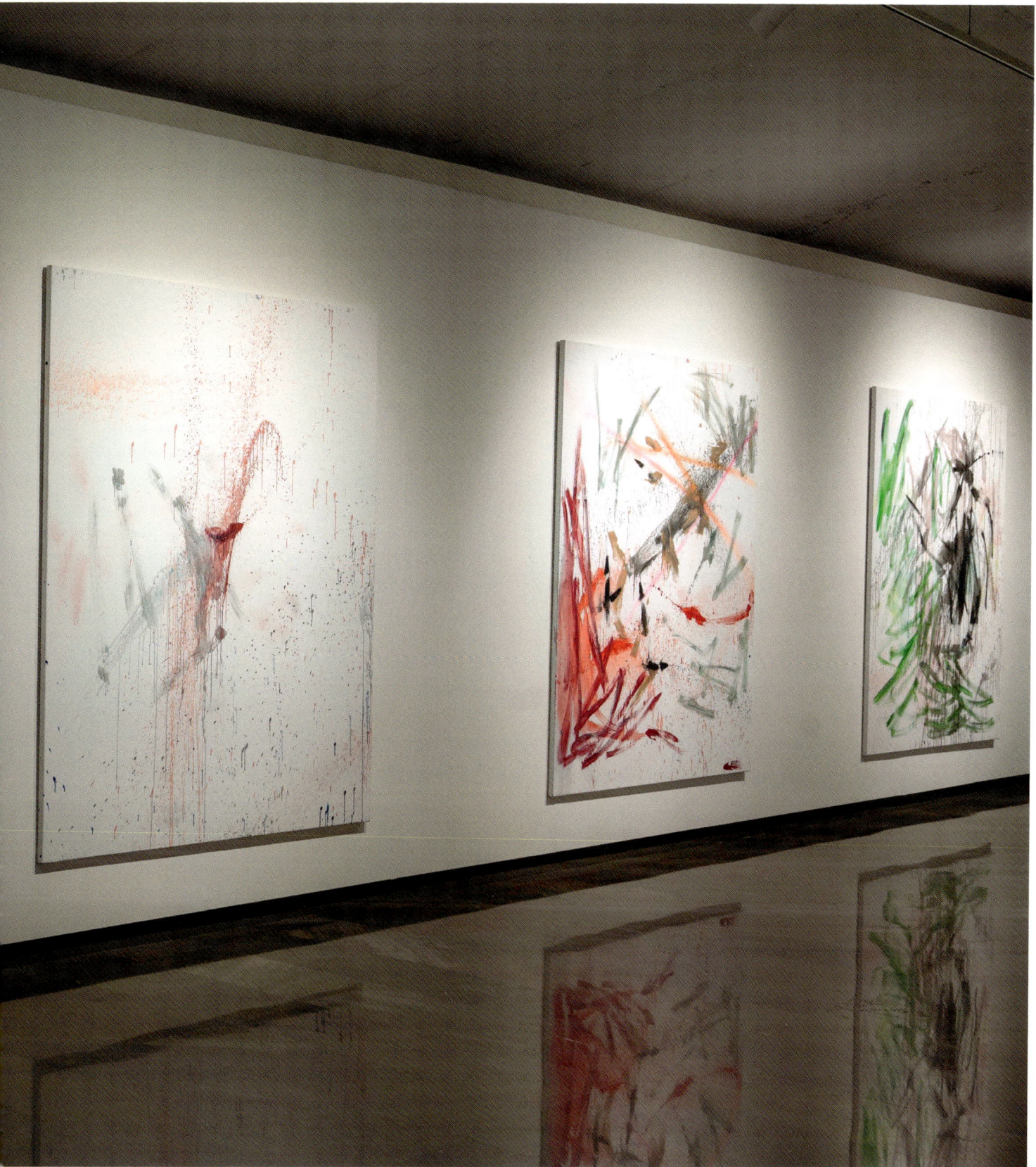

LA ERA DEL JABALÍ BLANCO:
SUEÑO
Técnica mixta sobre tela
215 x 185 cm.
2024

LA ERA DEL JABALÍ BLANCO:
DESPERTAR
Técnica mixta sobre tela
215 x 185 cm.
2024

LA ERA DEL JABALÍ BLANCO:
EL ANIMAL QUE LLEVO DENTRO
Técnica mixta sobre tela
215 x 185 cm.
2024

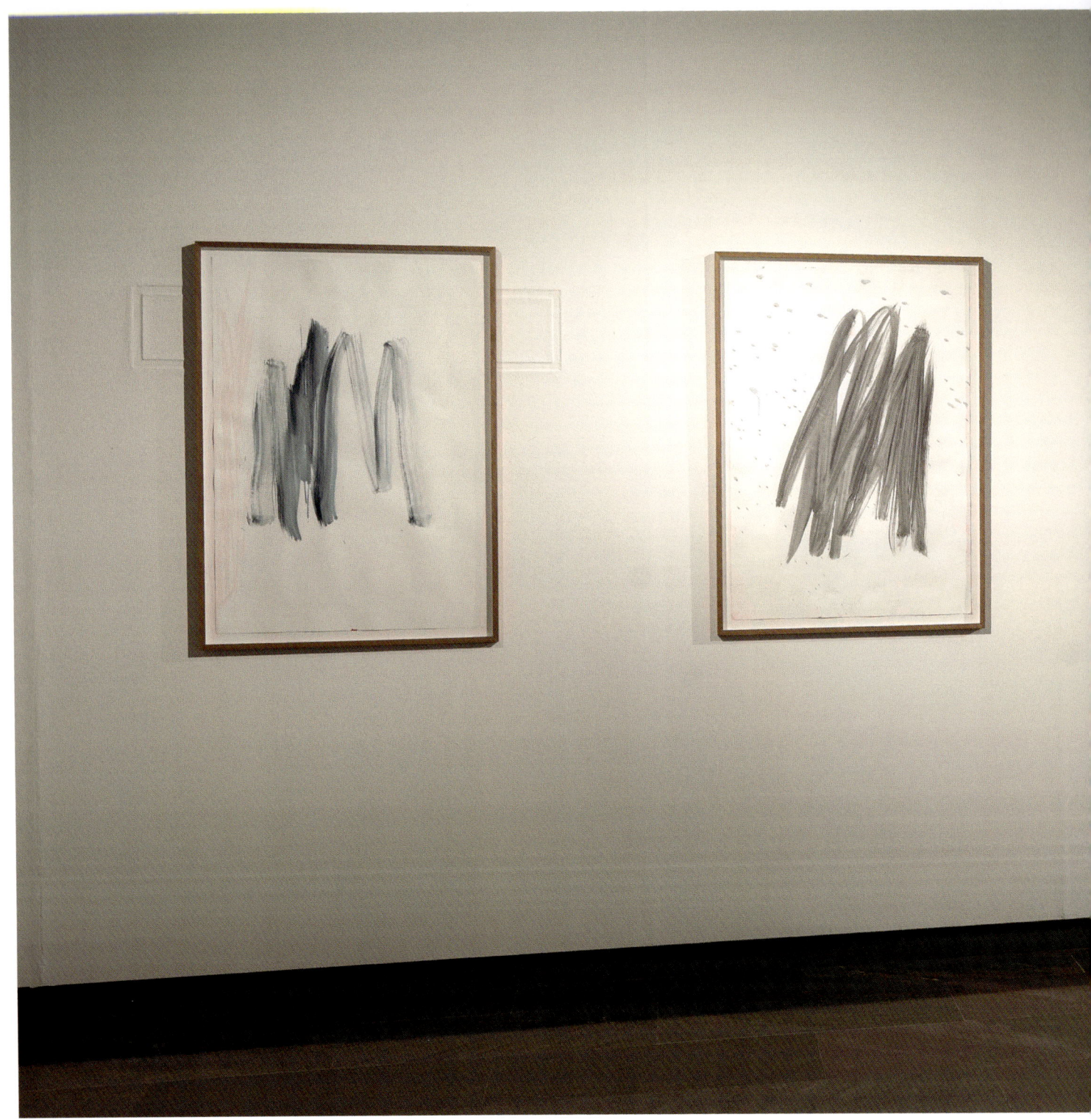

ENCUENTRO CON NASH
Técnica mixta sobre papel
100 x 81 cm.
2024

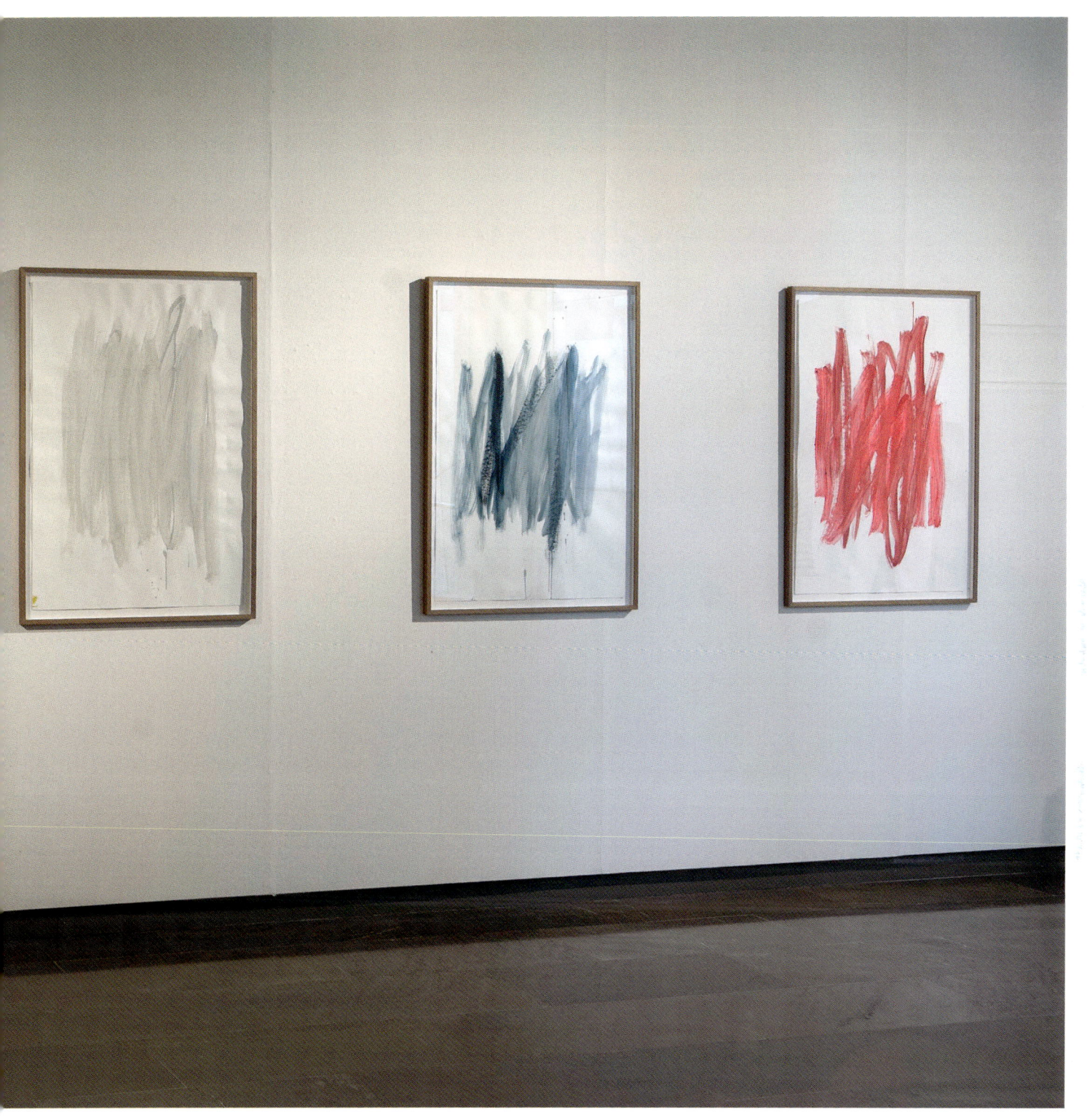

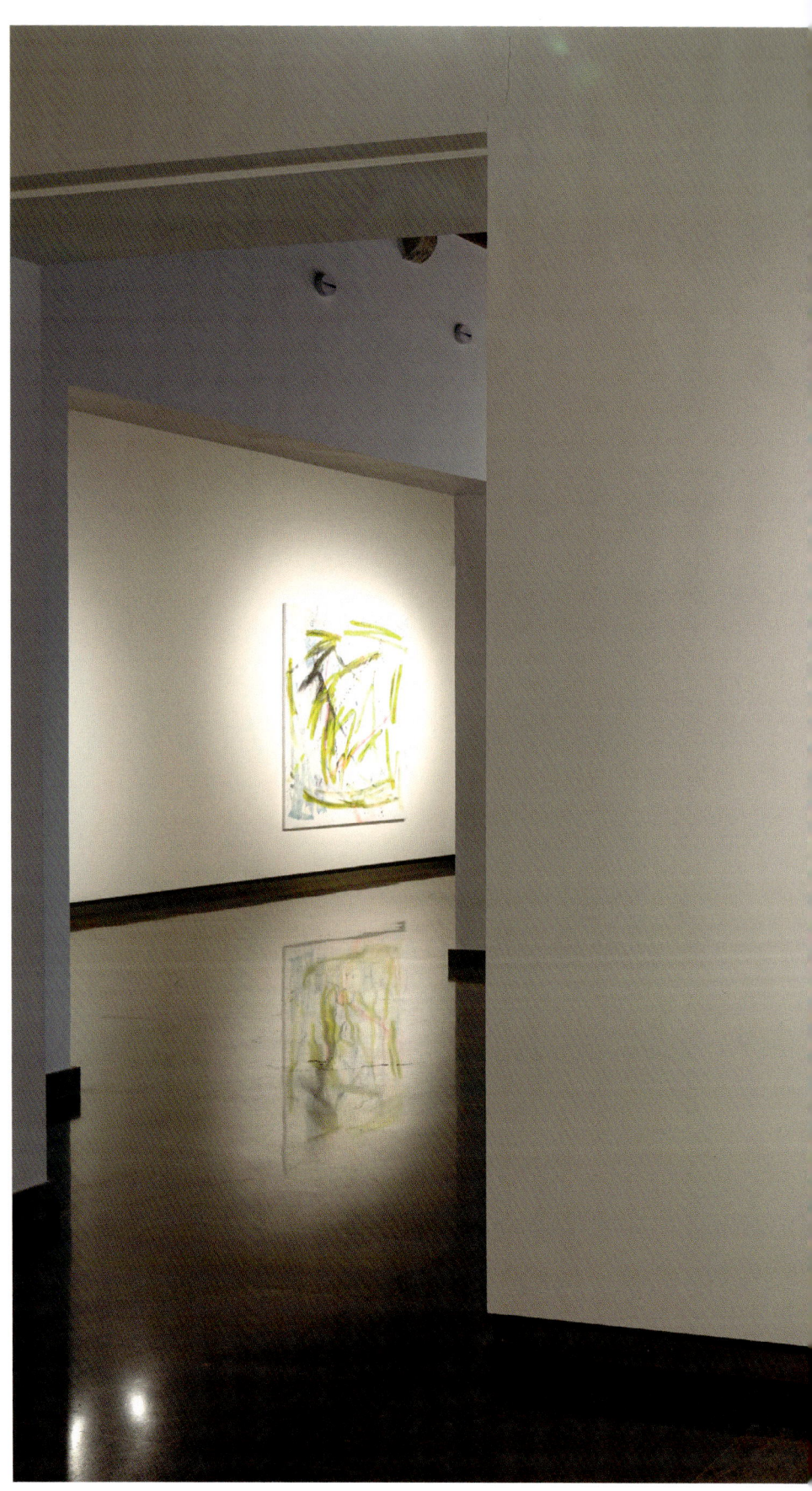

EL ANIMAL QUE LLEVO DENTRO
Técnica mixta sobre tela
215 x 185 cm.
2024

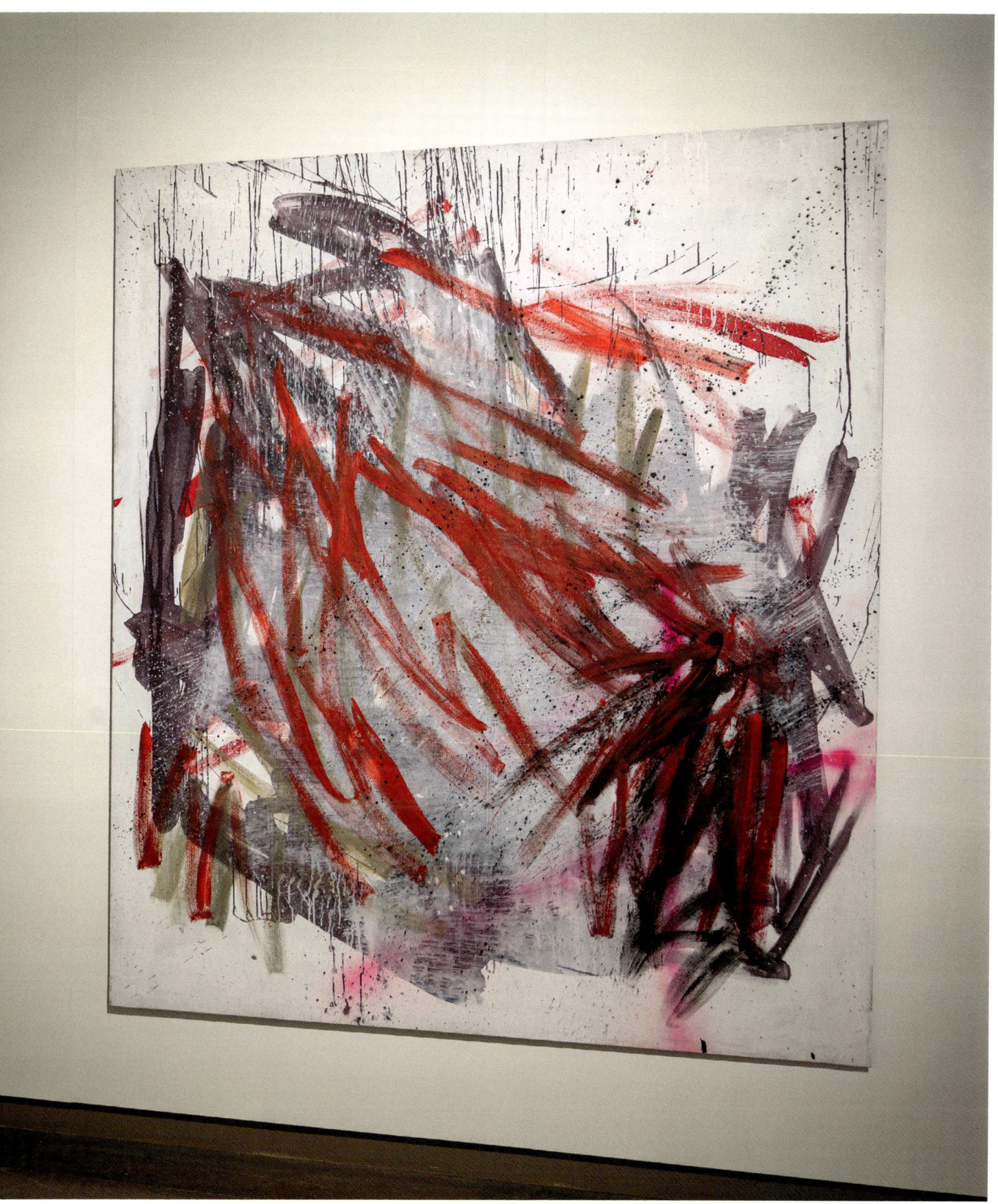

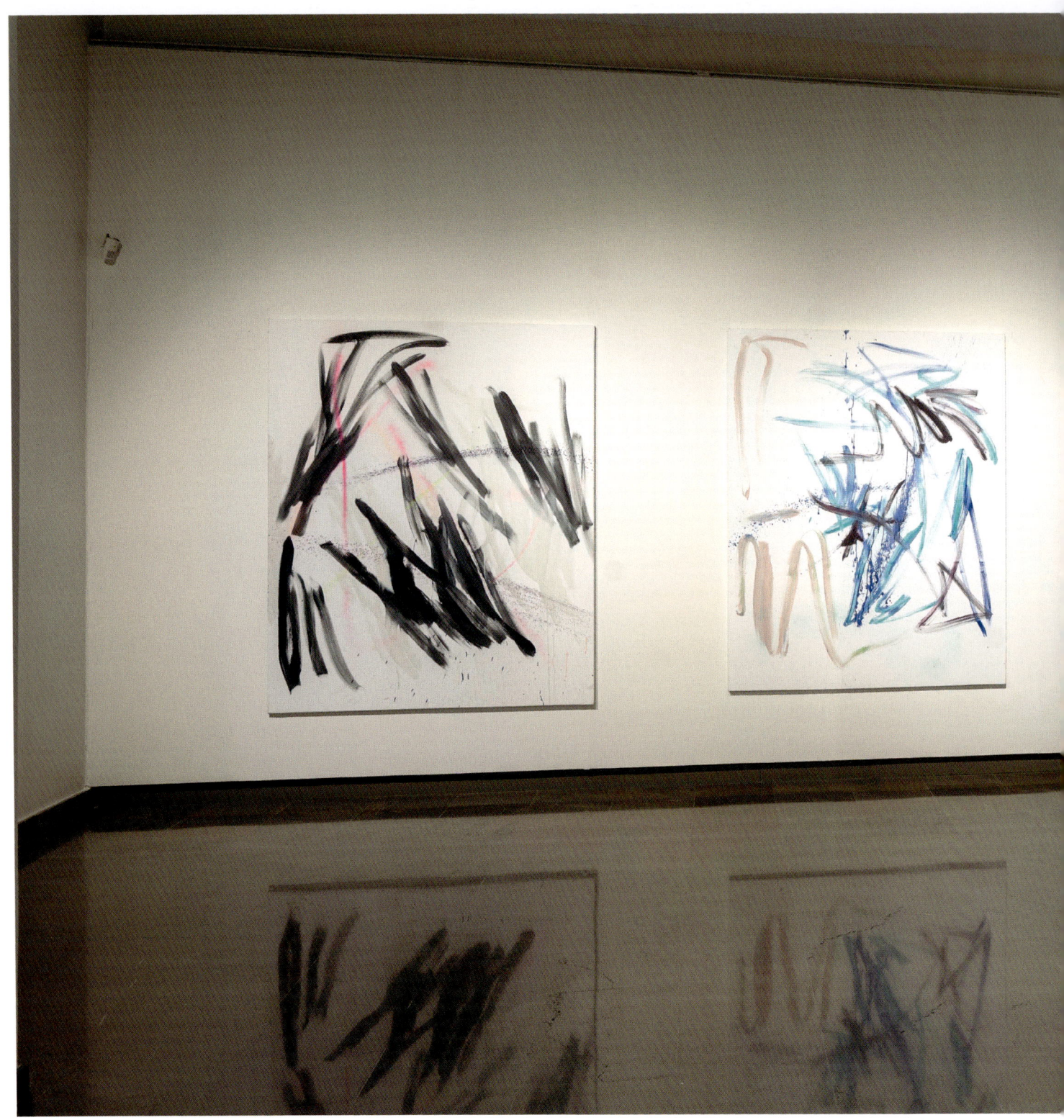

TODO PASA, TODO QUEDA
Técnica mixta sobre tela
195 X 165 cm.
2024

MOVIMIENTO EN AZUL; PRESENTE
Técnica mixta sobre tela
190 X 150 cm.
2024

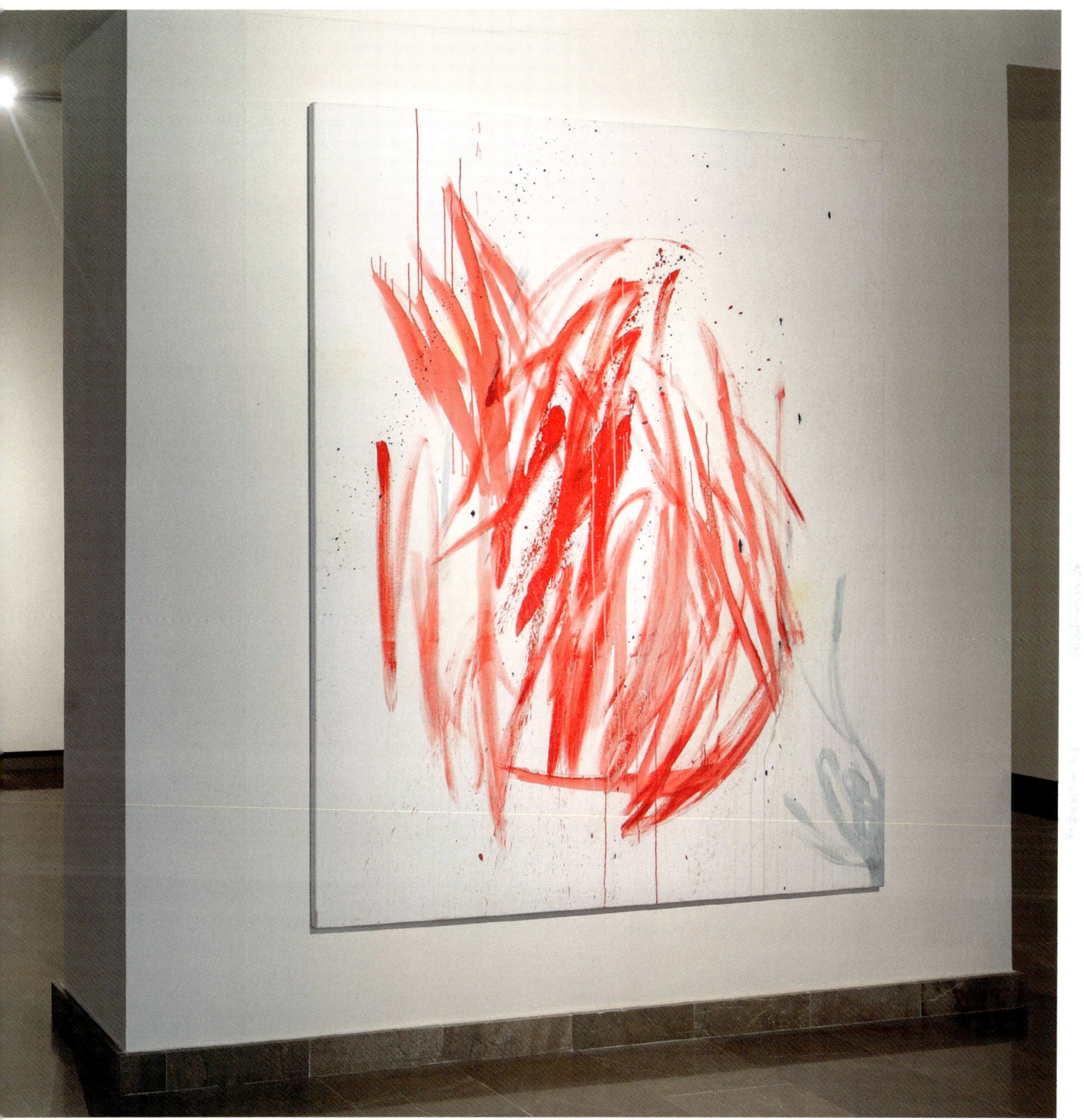

SERIE DE ENCUENTRO CON NASH: EN ROJO
Técnica mixta sobre tela
215 x 185 cm.
2024

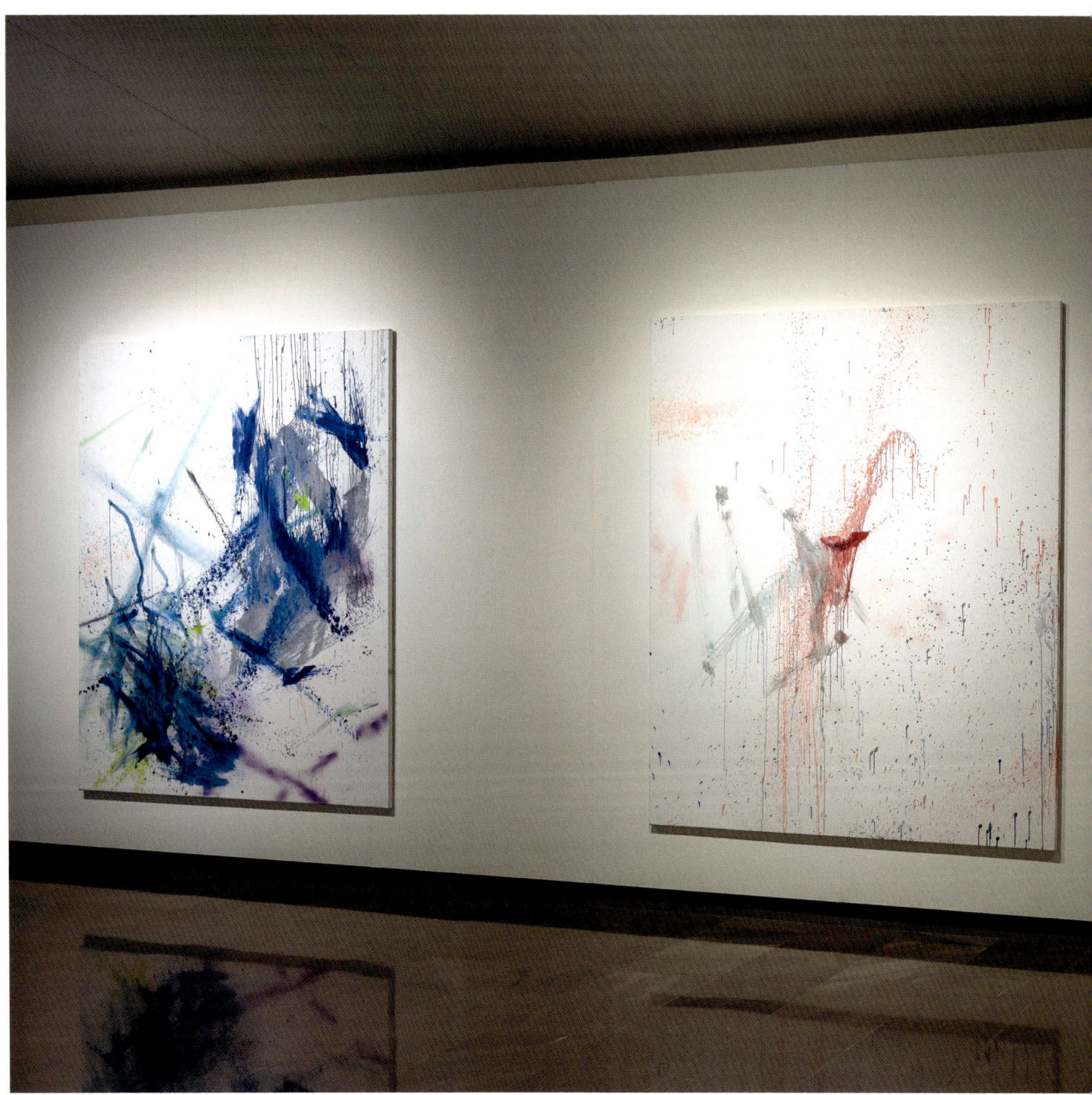

LA ERA DEL JABALÍ BLANCO:
ORIÓN
Técnica mixta sobre tela
215 x 185 cm.
2024

LA ERA DEL JABALÍ BLANCO:
SUEÑO
Técnica mixta sobre tela
215 x 185 cm.
2024

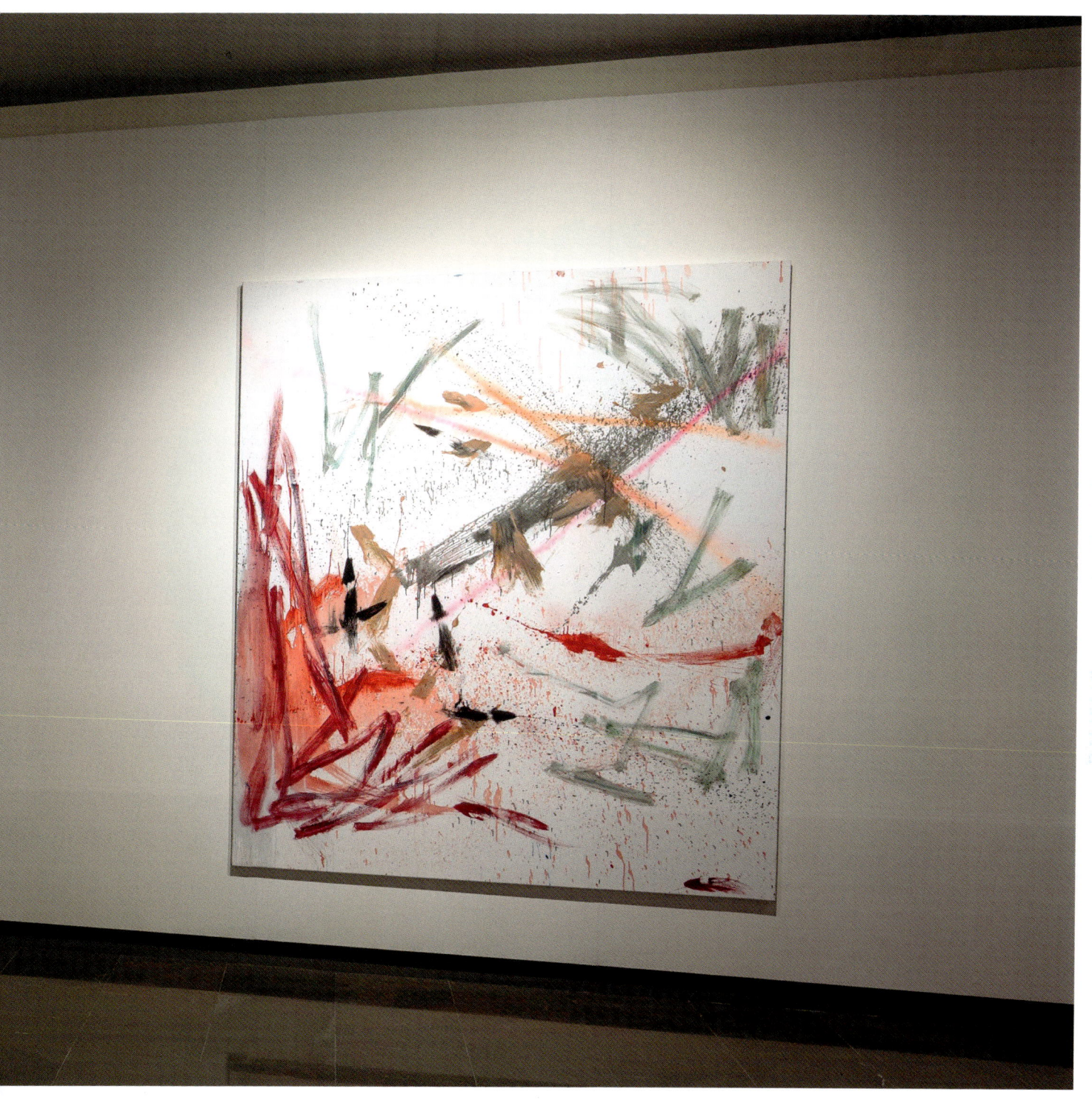

LA ERA DEL JABALÍ BLANCO:
DESPERTAR
Técnica mixta sobre tela
215 x 185 cm.
2024

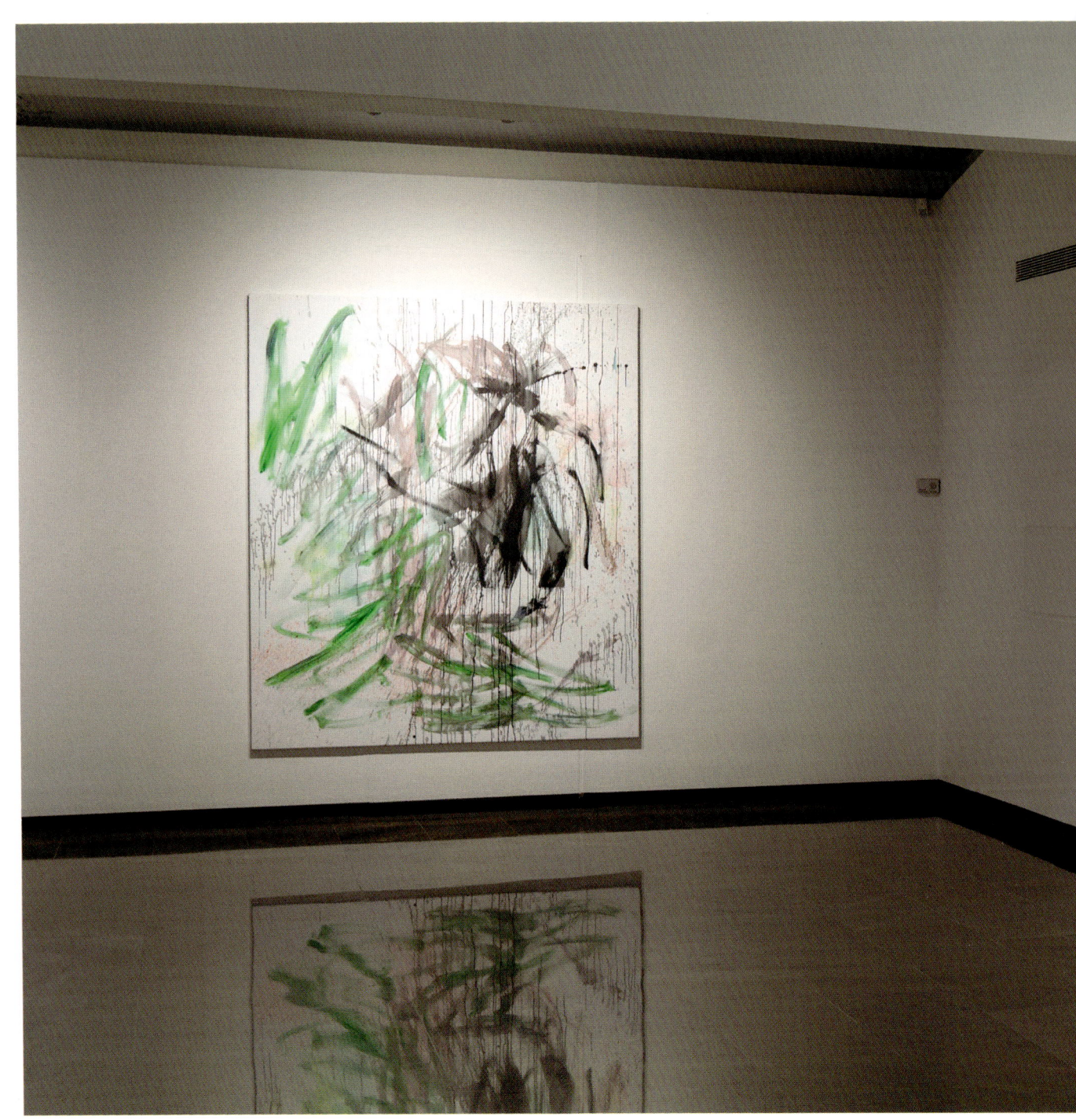

LA ERA DEL JABALÍ BLANCO:
EL ANIMAL QUE LLEVO DENTRO
Técnica mixta sobre tela
215 x 185 cm.
2024

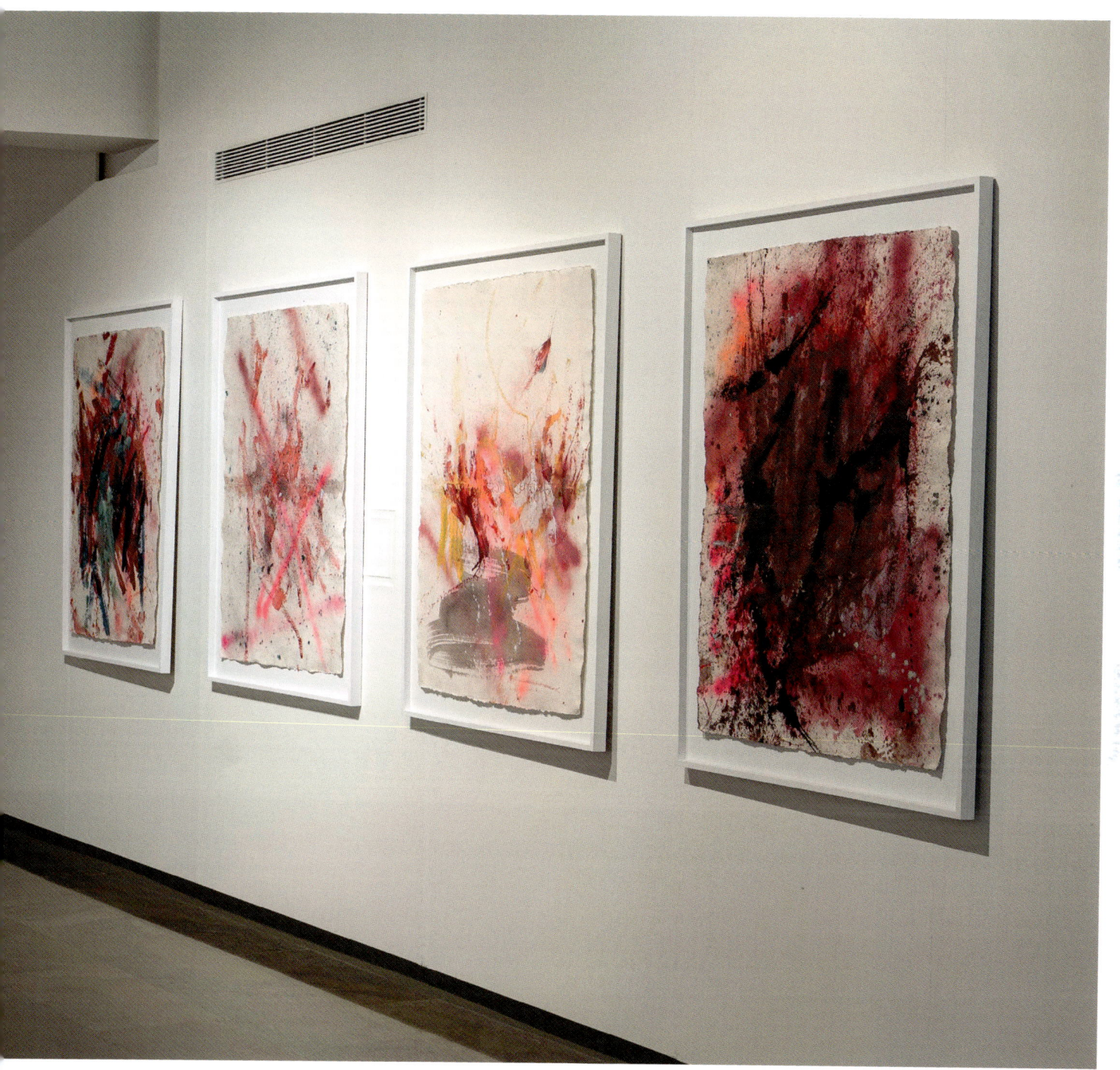

MINTAKA, ORIÓN, VIA LÁCTEA, ANILAM
Técnica mixta sobre papel artesano de algodón
120 x 86 cm.
2024

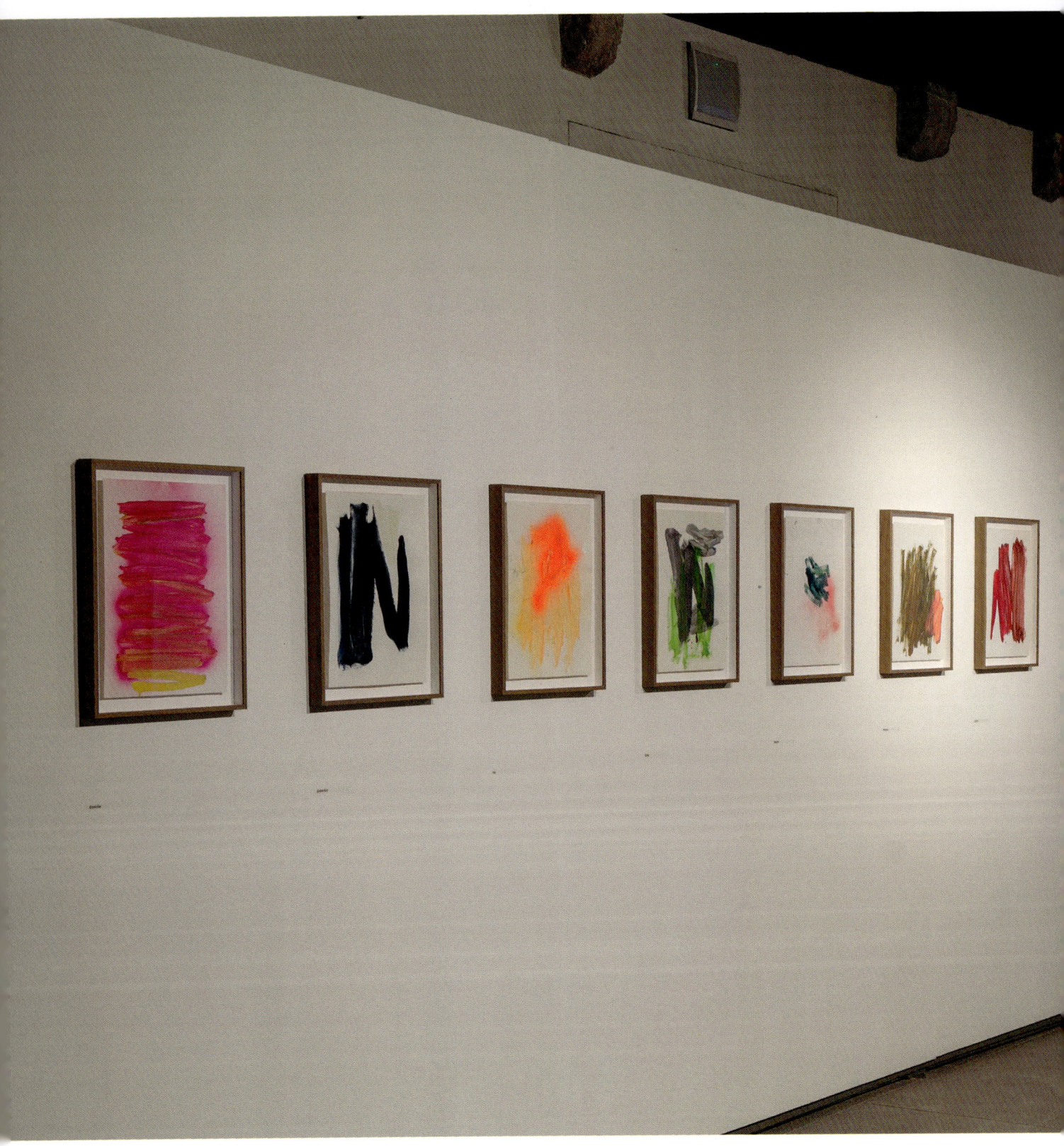

SERIE DE LOS PECADOS
Técnica mixta sobre papel
29,7 x 42 cm
2023

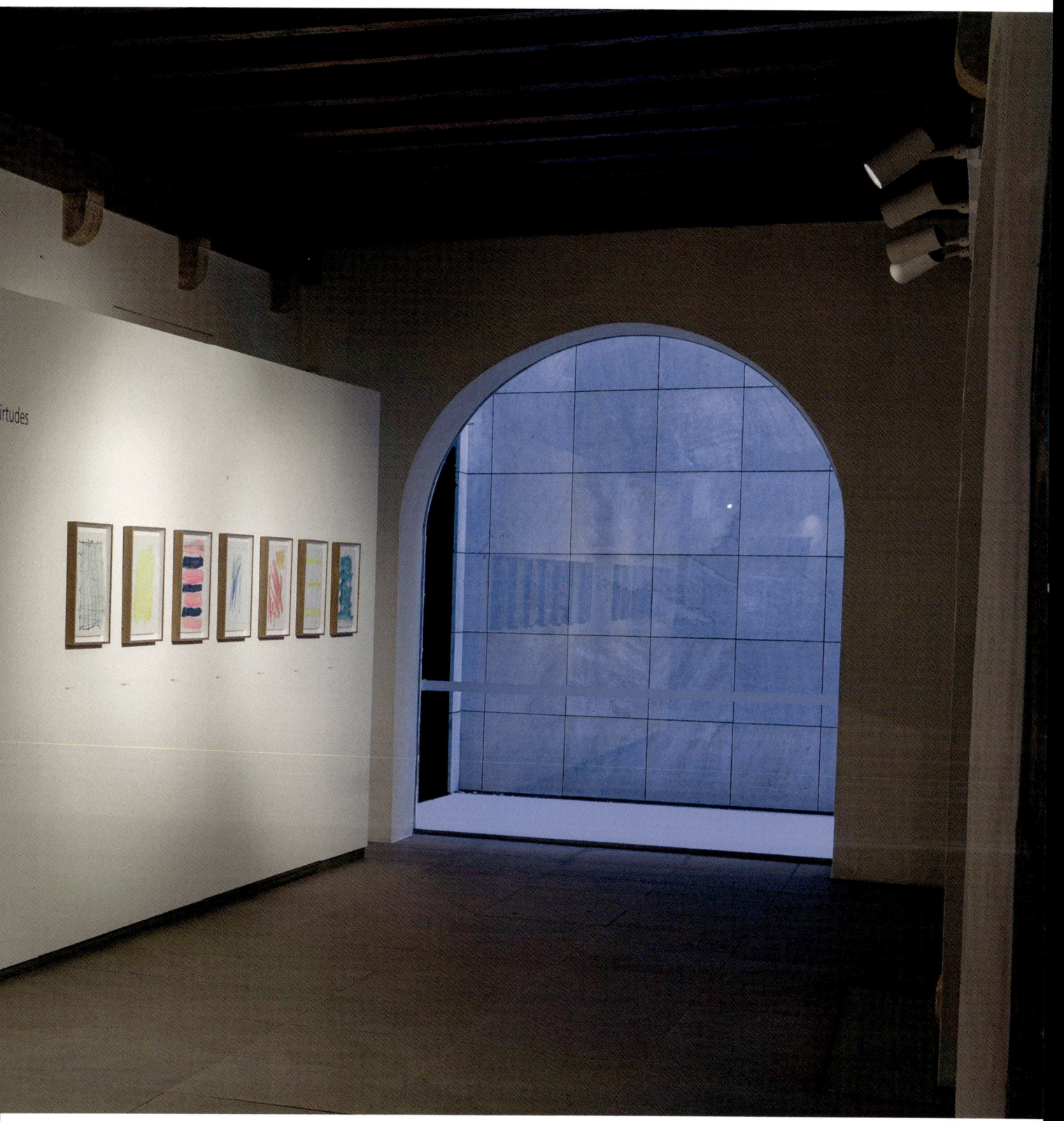

SERIE DE LAS VIRTUDES
Técnica mixta sobre papel
29,7 x 42 cm
2023

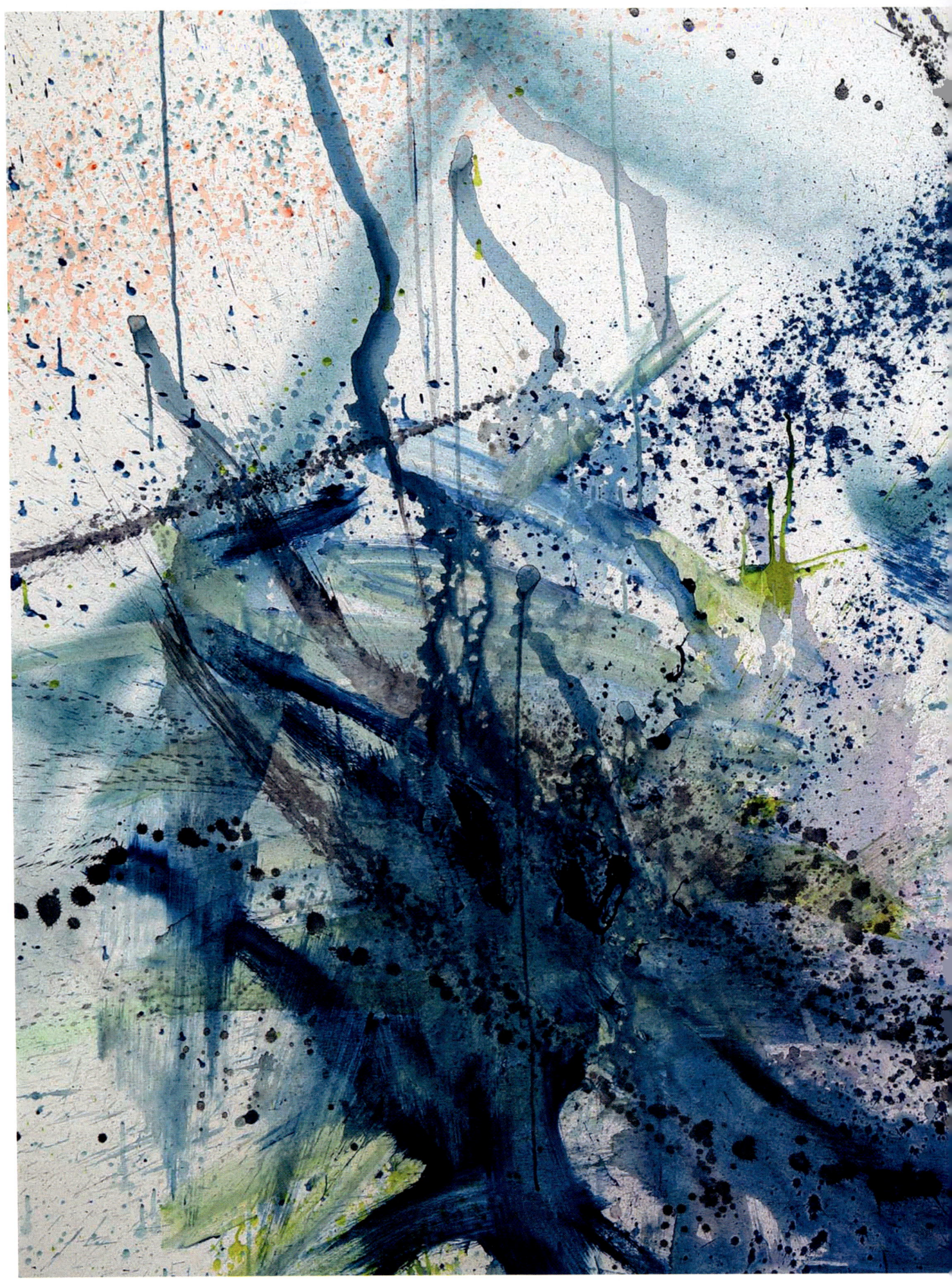

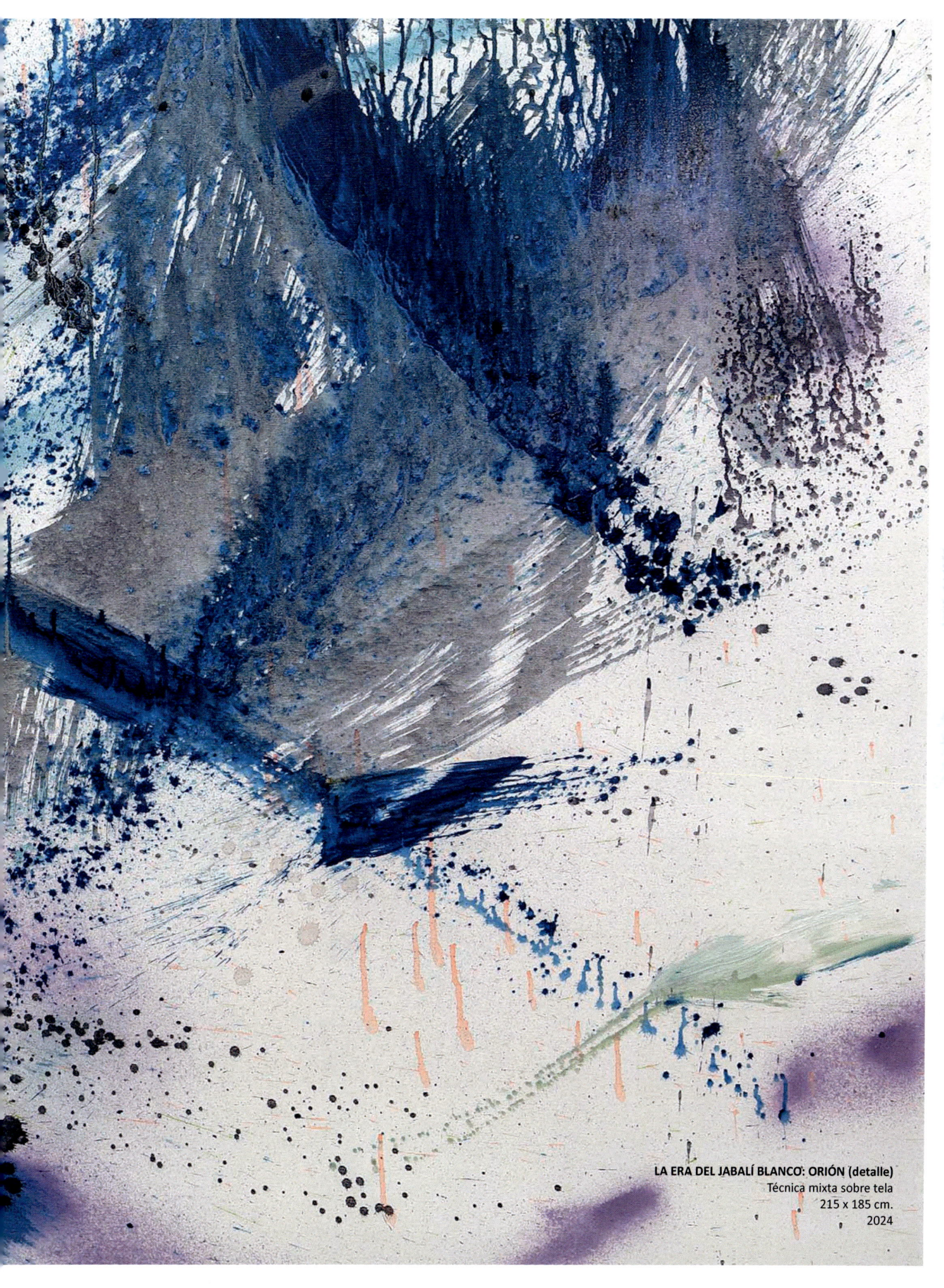

LA ERA DEL JABALÍ BLANCO: ORIÓN (detalle)
Técnica mixta sobre tela
215 x 185 cm.
2024

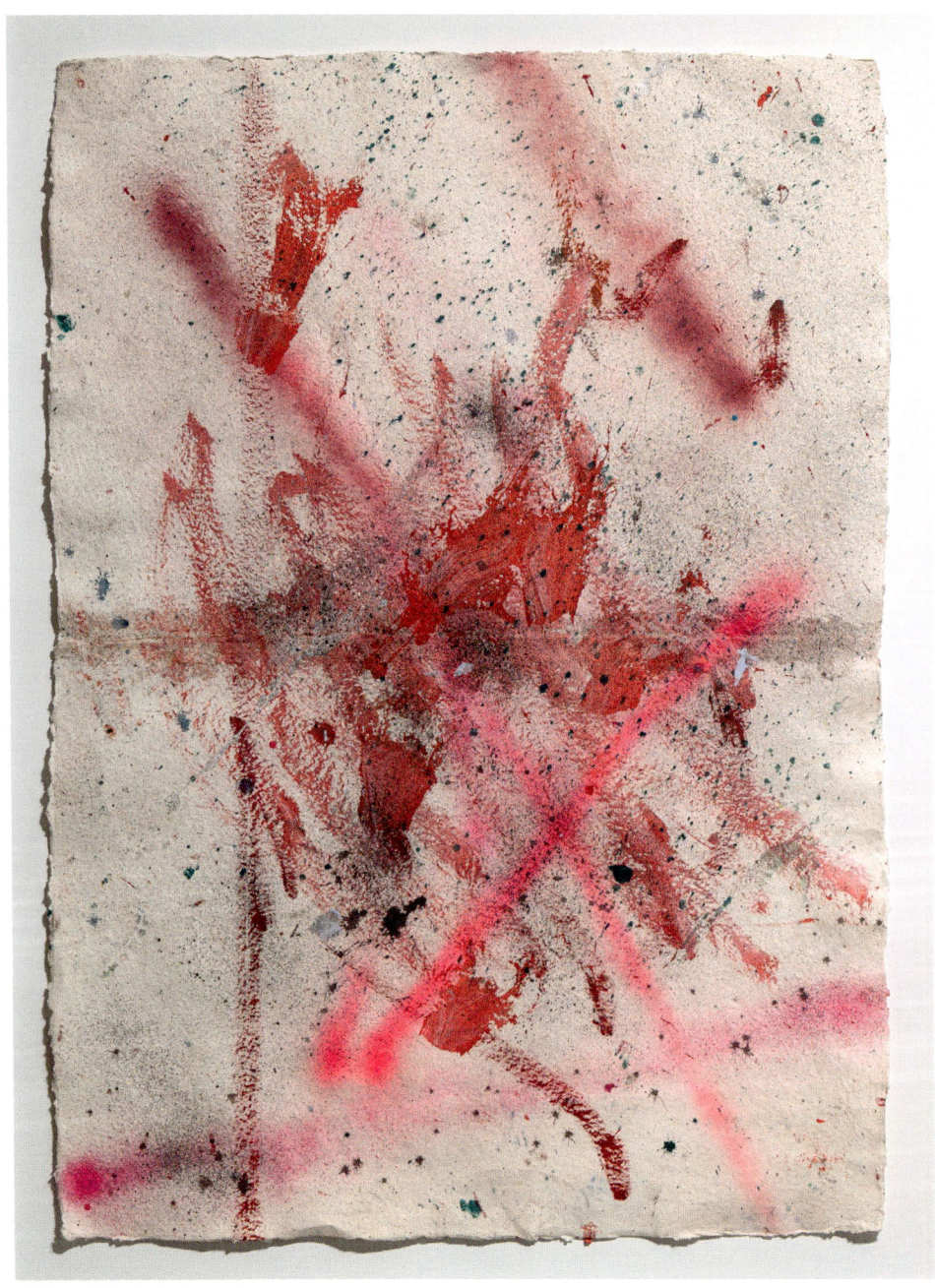

ORIÓN
Técnica mixta sobre papel artesano de algodón
120 x 86 cm.
2024

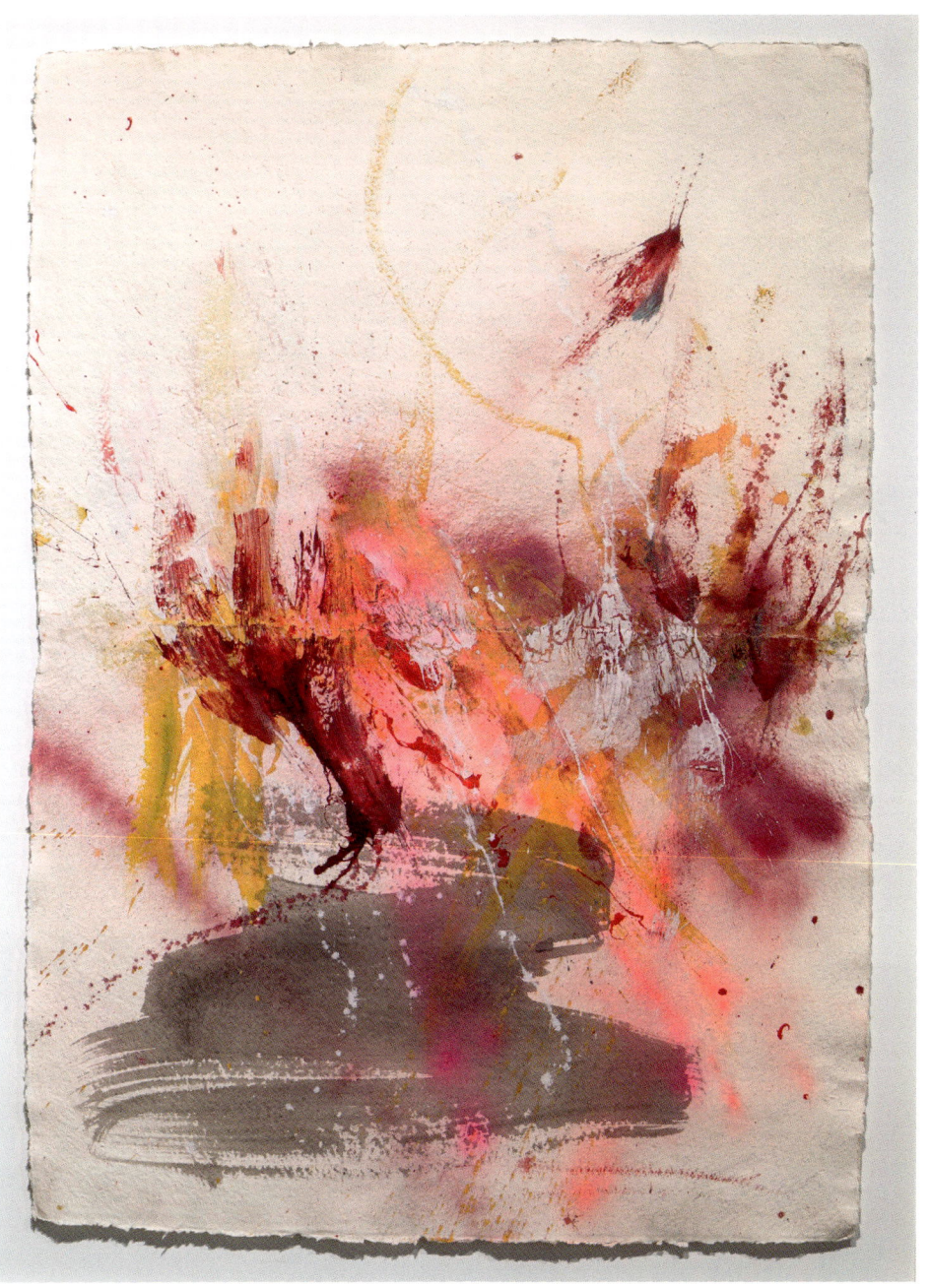

VIA LÁCTEA
Técnica mixta sobre papel artesano de algodón
120 x 86 cm.
2024

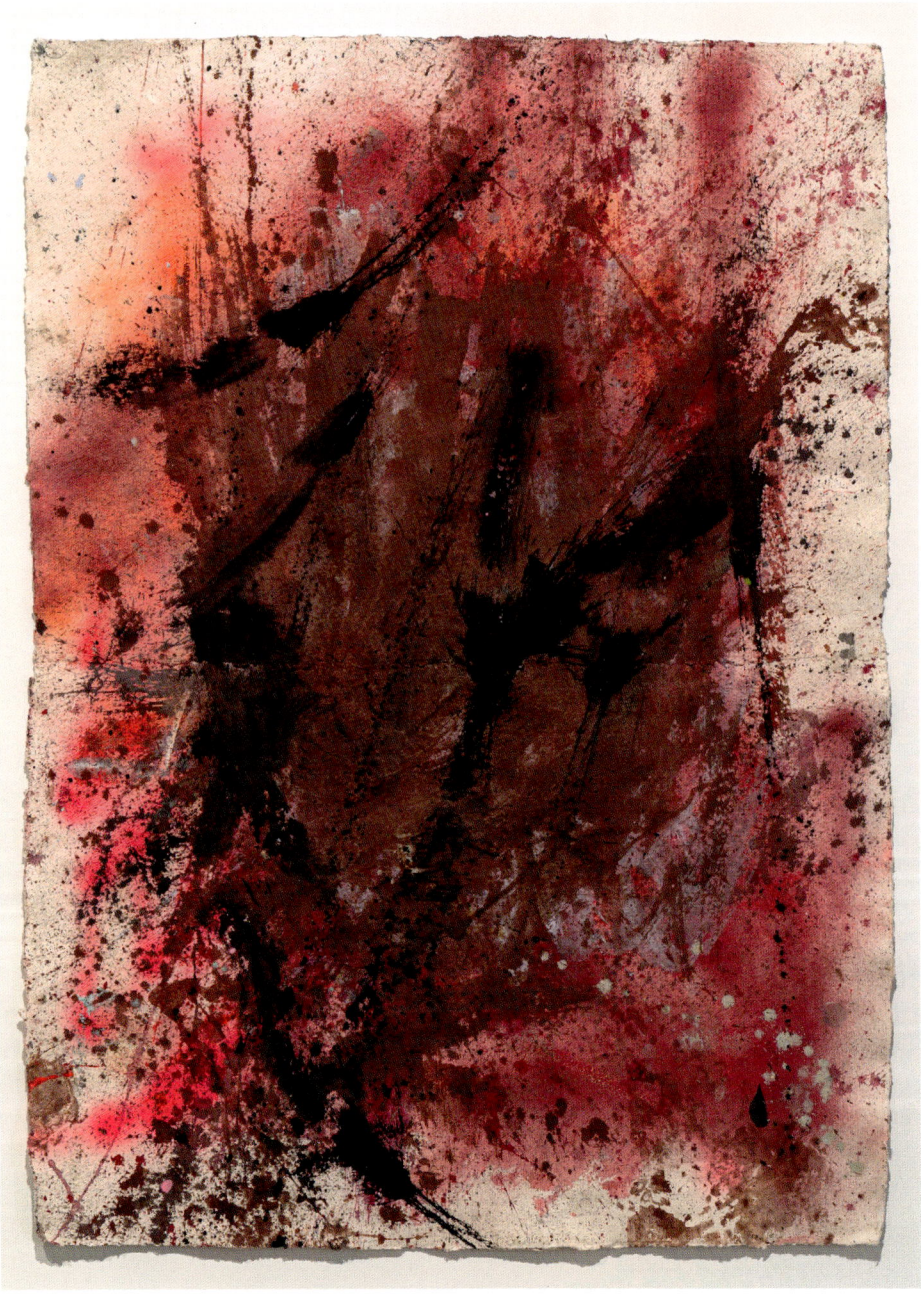

ANILAM
Técnica mixta sobre papel artesano de algodón
120 x 86 cm.
2024

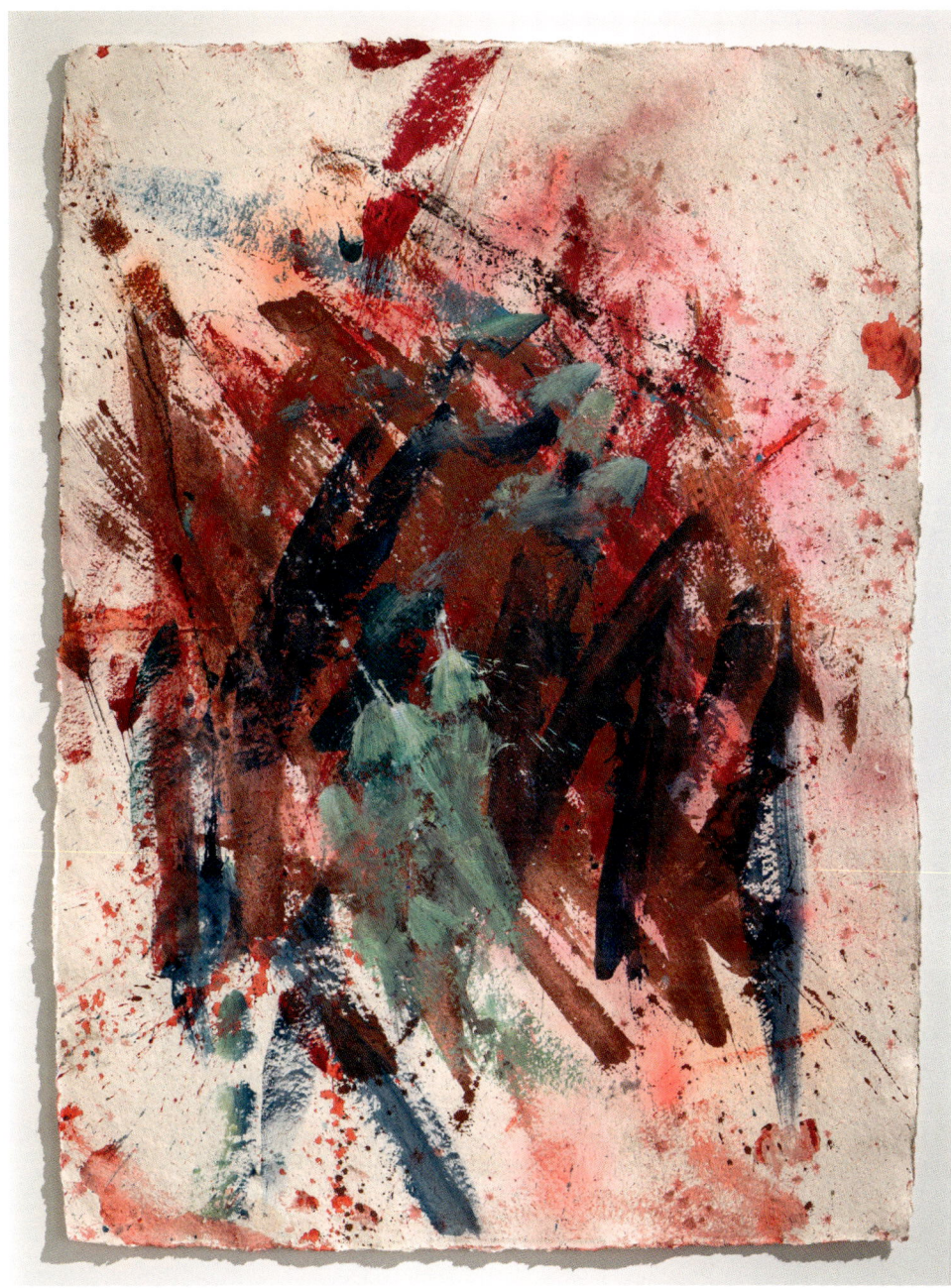

MINTAKA
Técnica mixta sobre papel artesano de algodón
120 x 86 cm.
2024

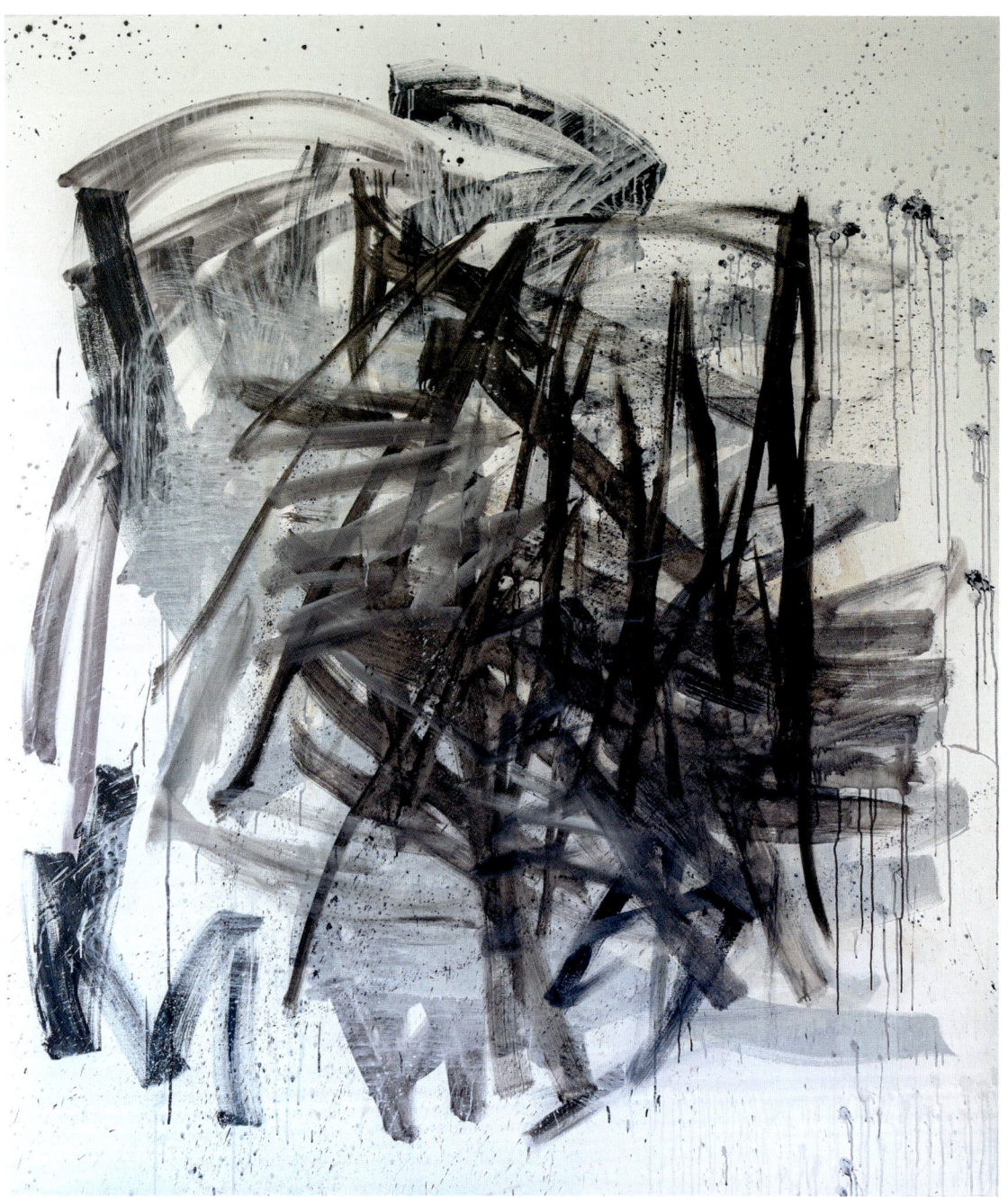

SERIE ENCUENTRO CON NASH: EN NEGRO
Técnica mixta sobre tela
215 x 185 cm.
2024

ARPONERA
Técnica mixta sobre tela
215 x 185 cm.
2024

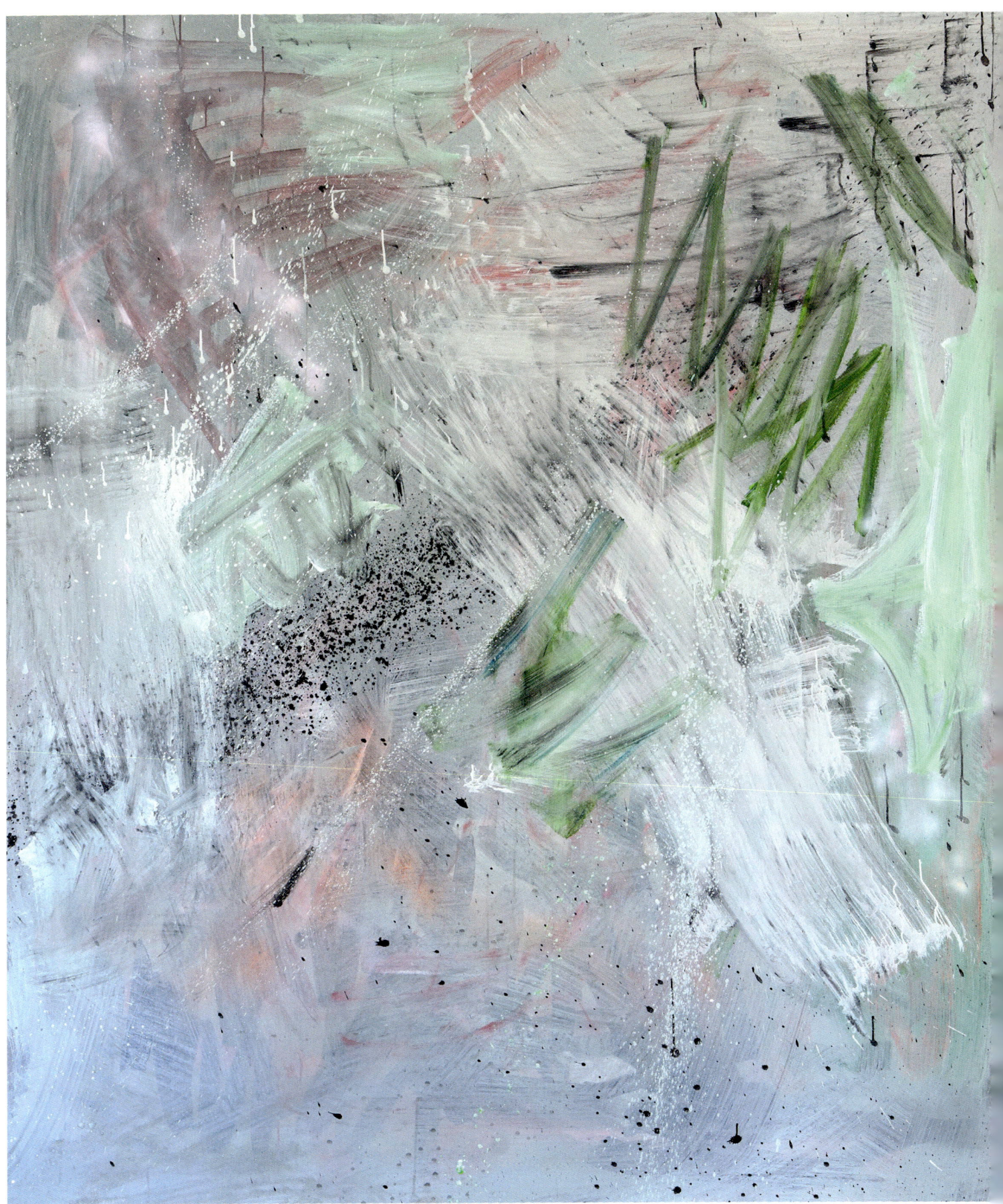

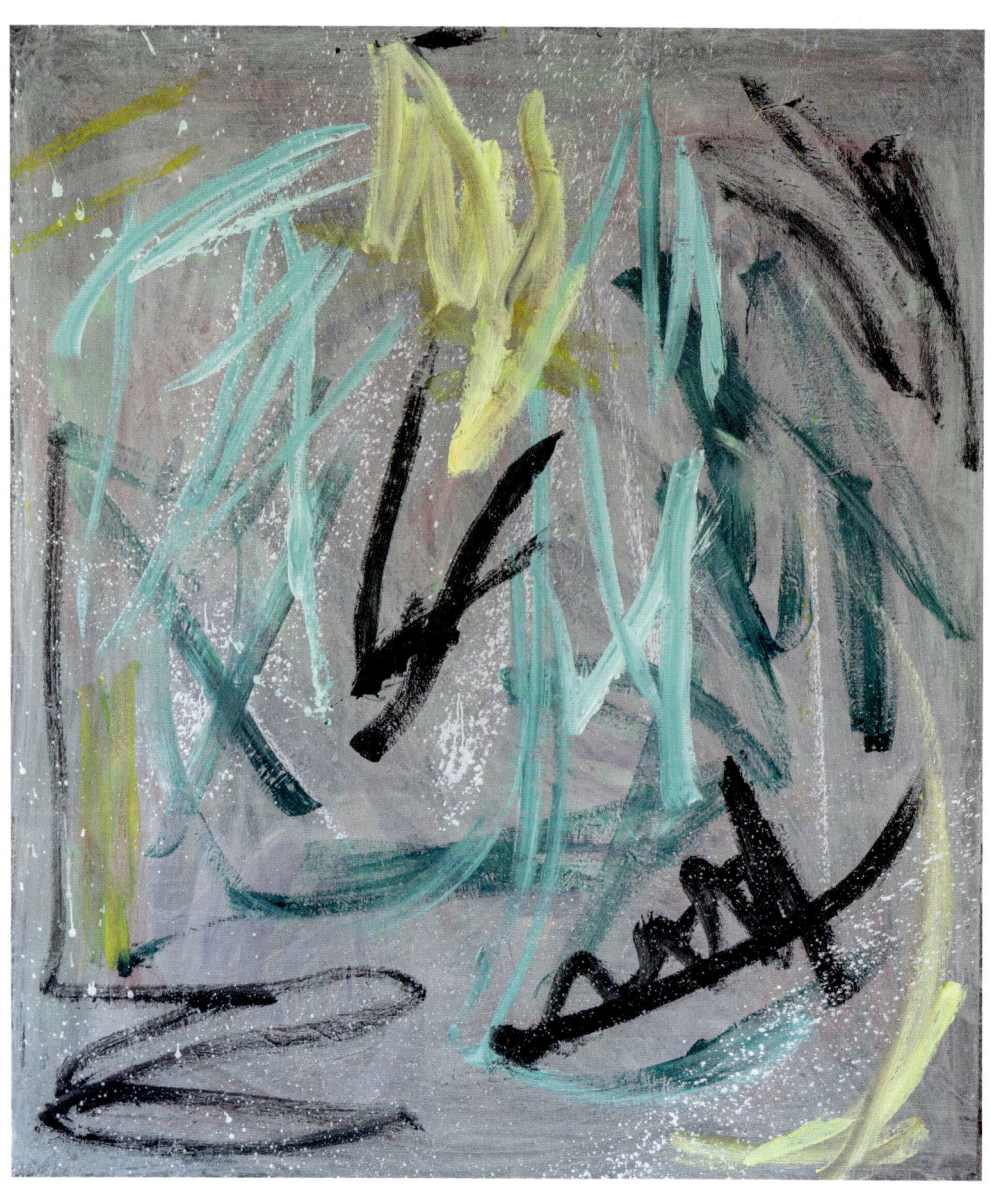

IL MONDO
Técnica mixta sobre tela
215 x 185 cm.
2024

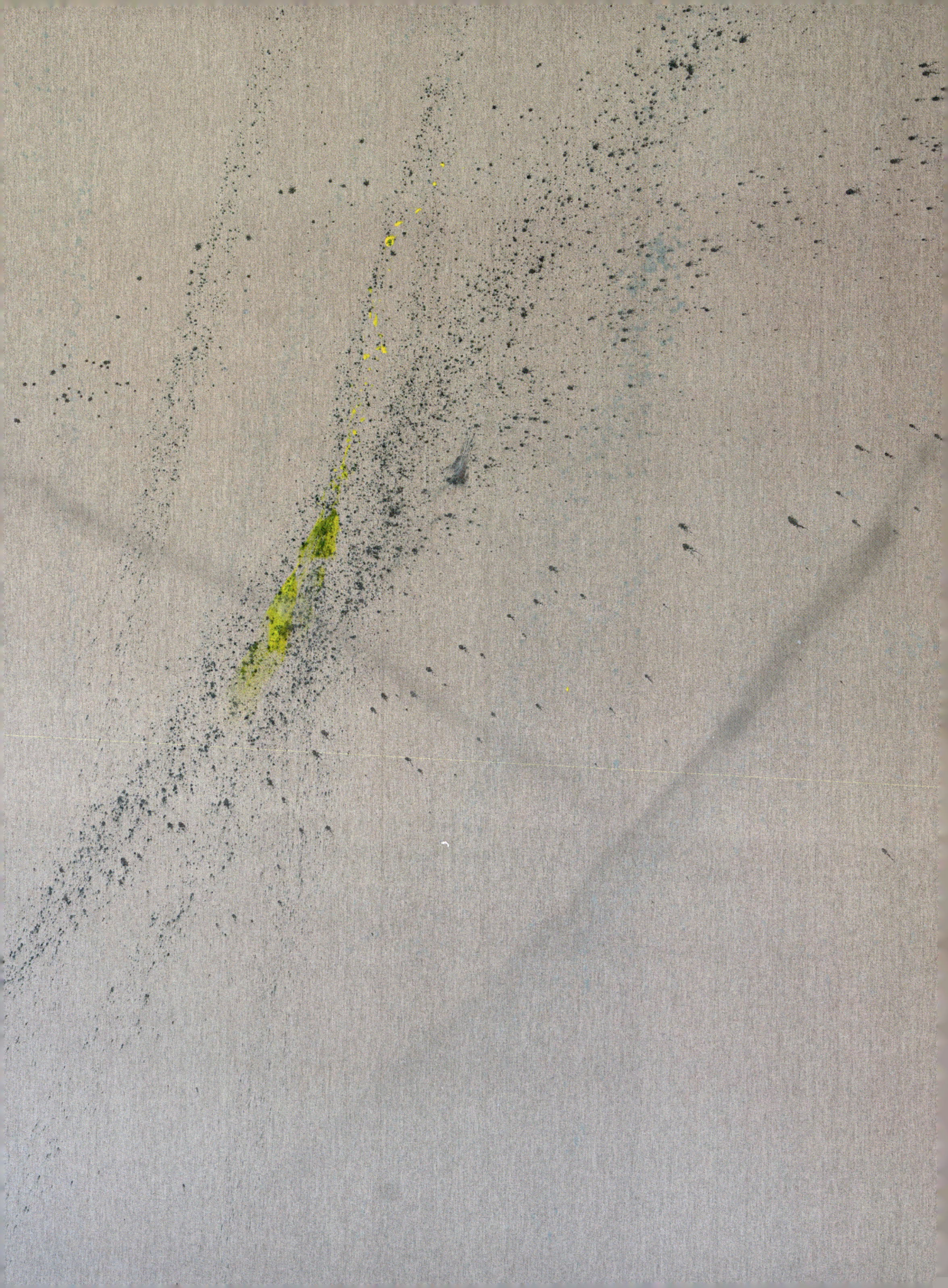

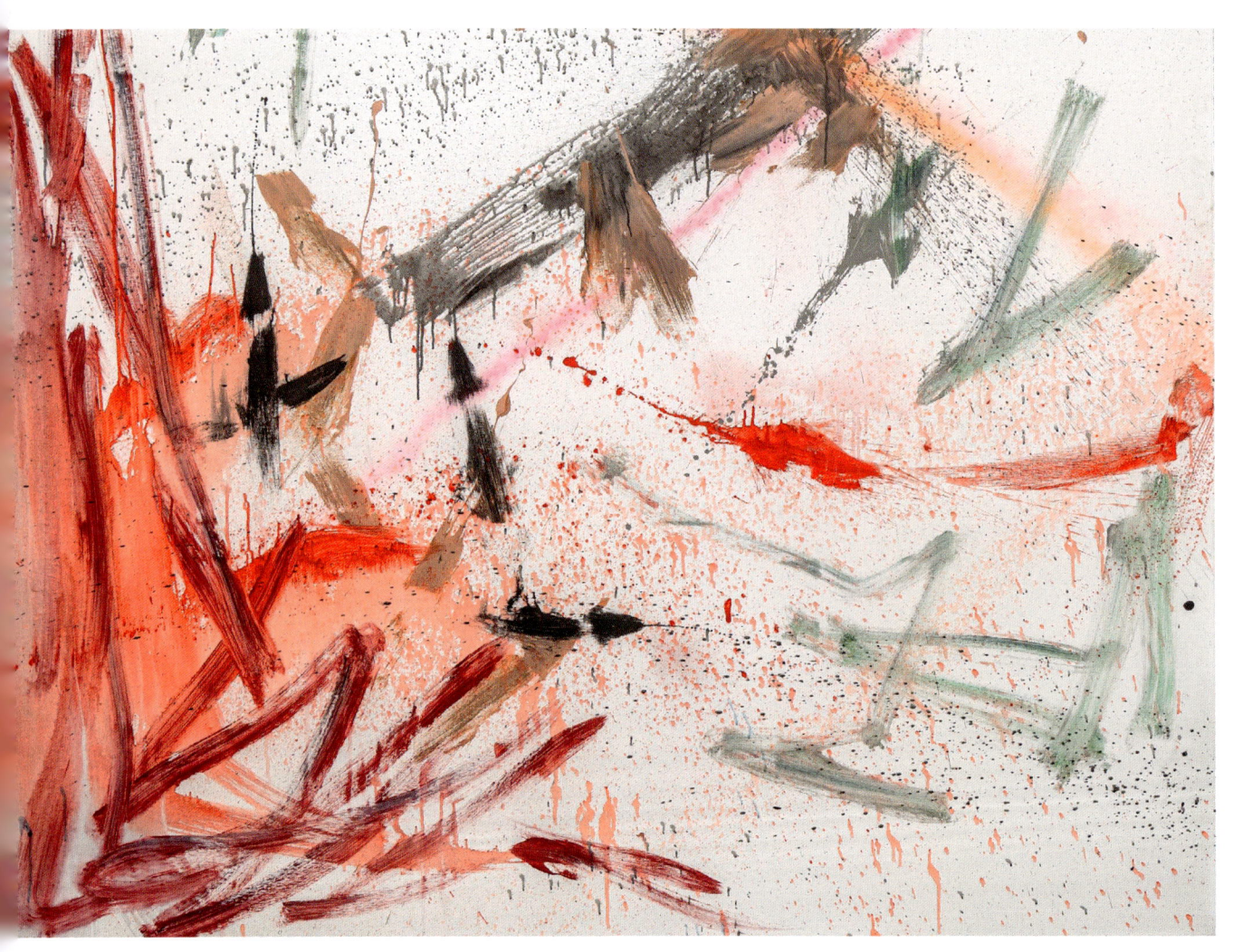

LA ERA DEL JABALÍBLANCO: DESPERTAR (detalle)
Técnica mixta sobre tela
215 x 185 cm.
2024

BANDERA BLAN
Técnica mixta sobre t
215 x 185 c
20

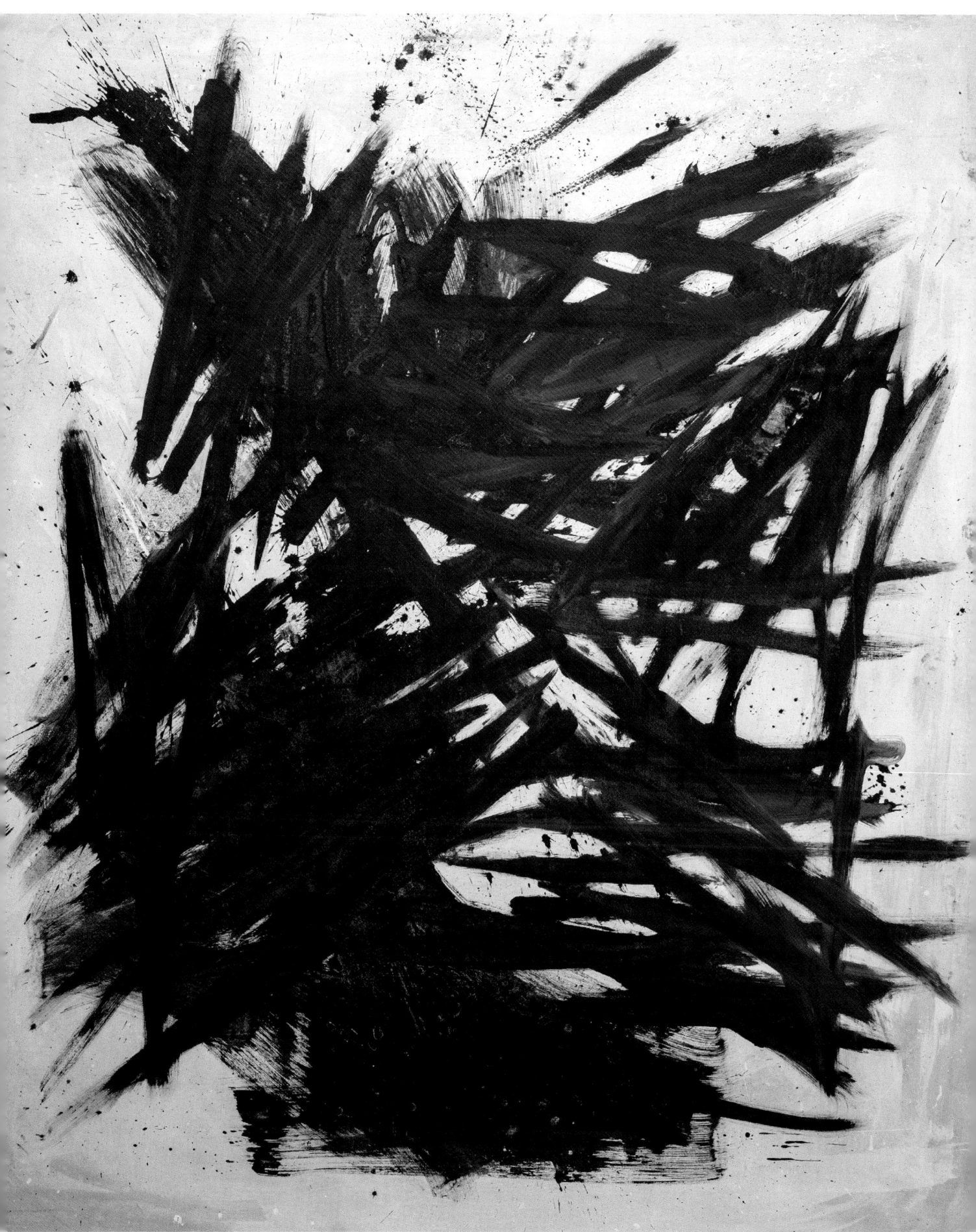

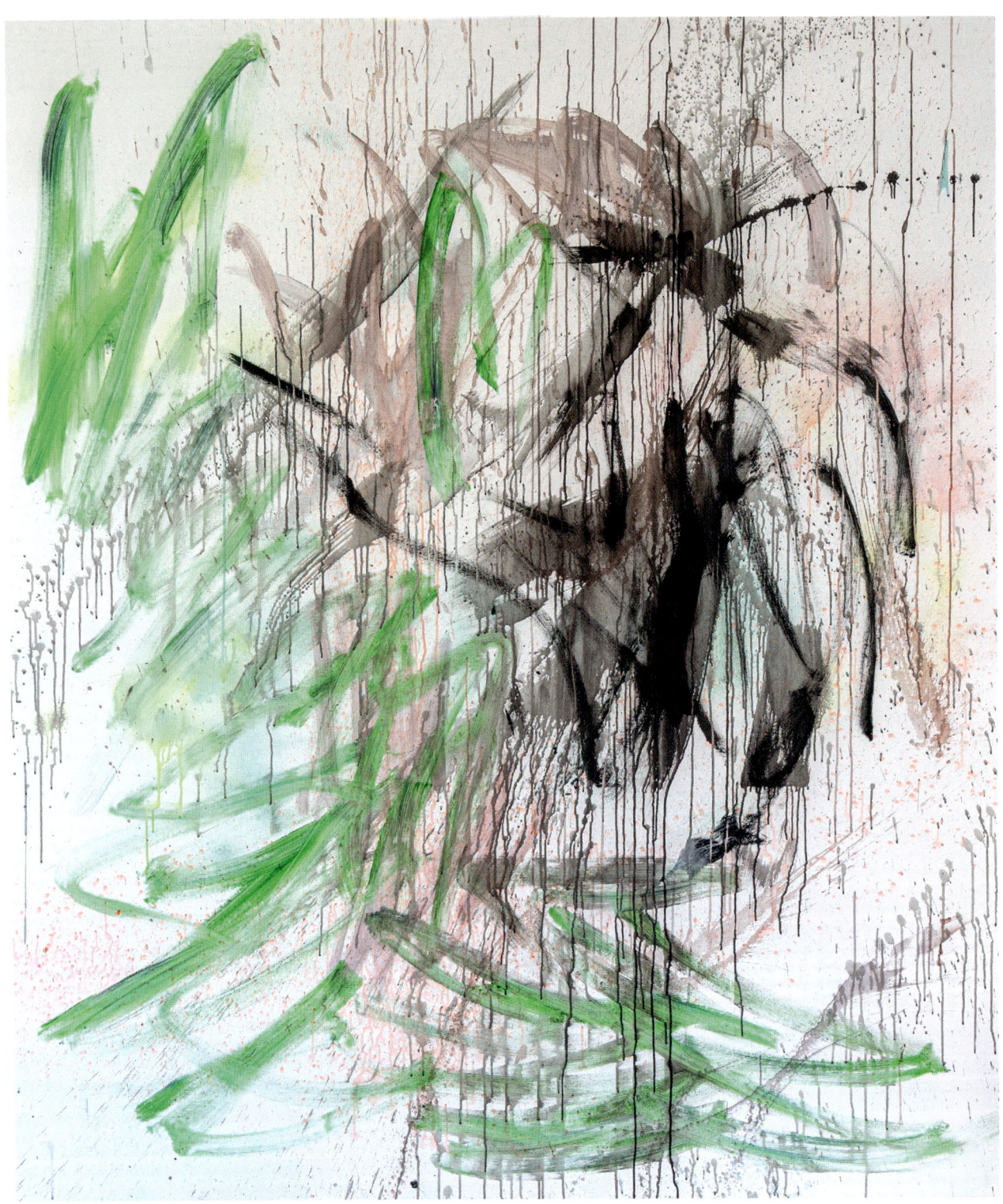

LA ERA DEL JABALÍ BLANCO:
EL ANIMAL QUE LLEVO DENTRO
Técnica mixta sobre tela
215 x 185 cm.
2024

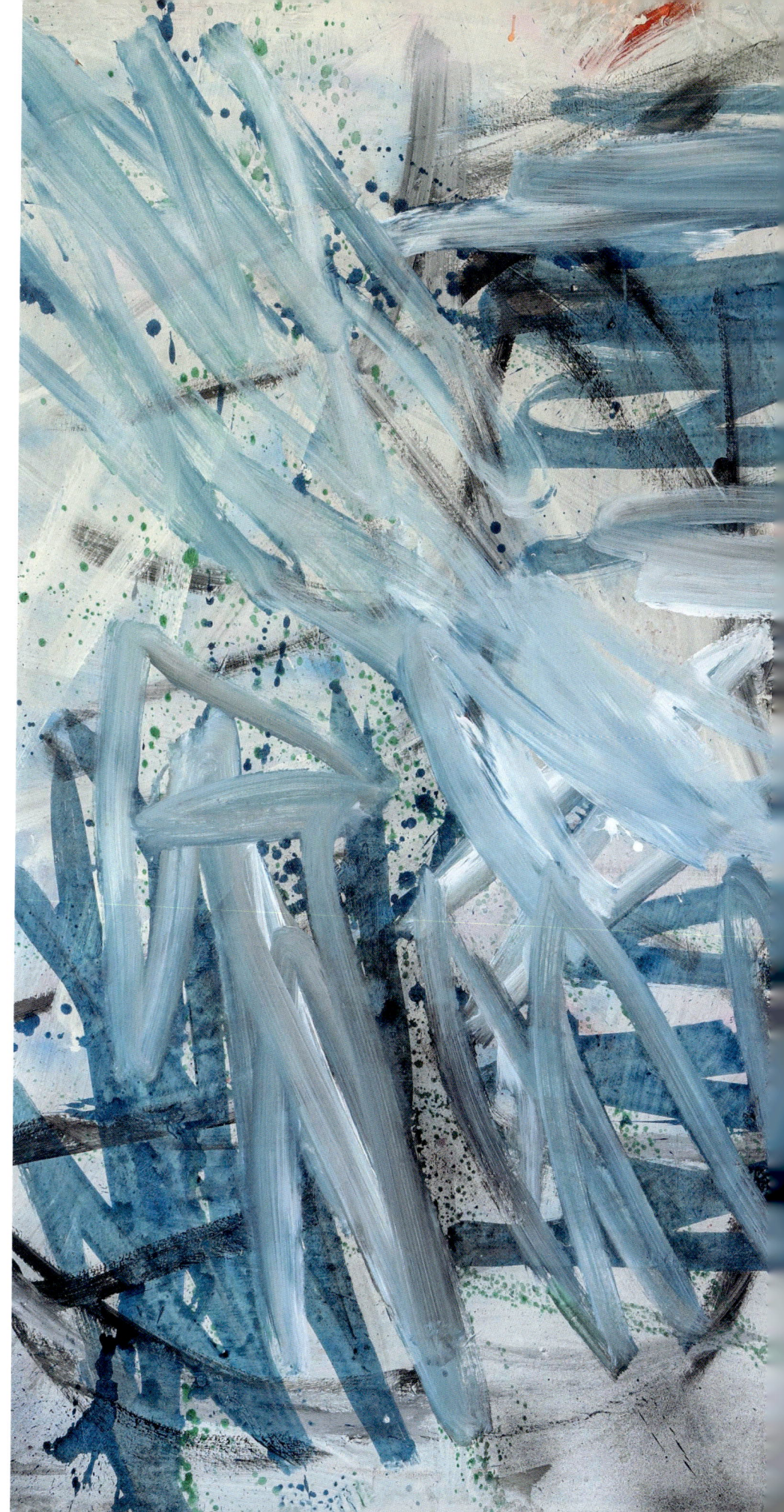

CEL (detalle)
Técnica mixta sobre tela
190 X 150 cm.
2024

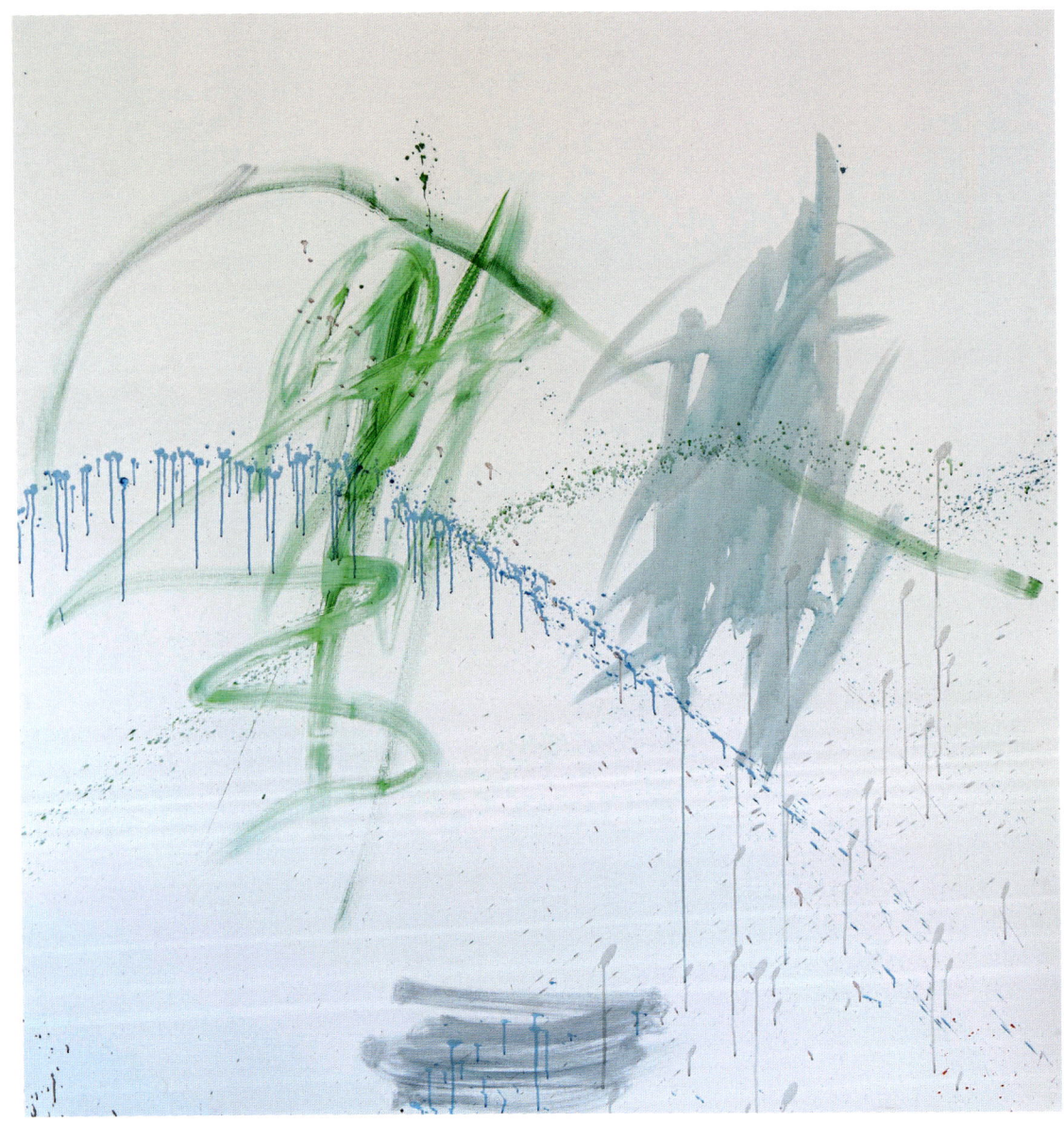

NÓMADAS 7
Técnica mixta sobre tela
195 x 185 cm.
2024

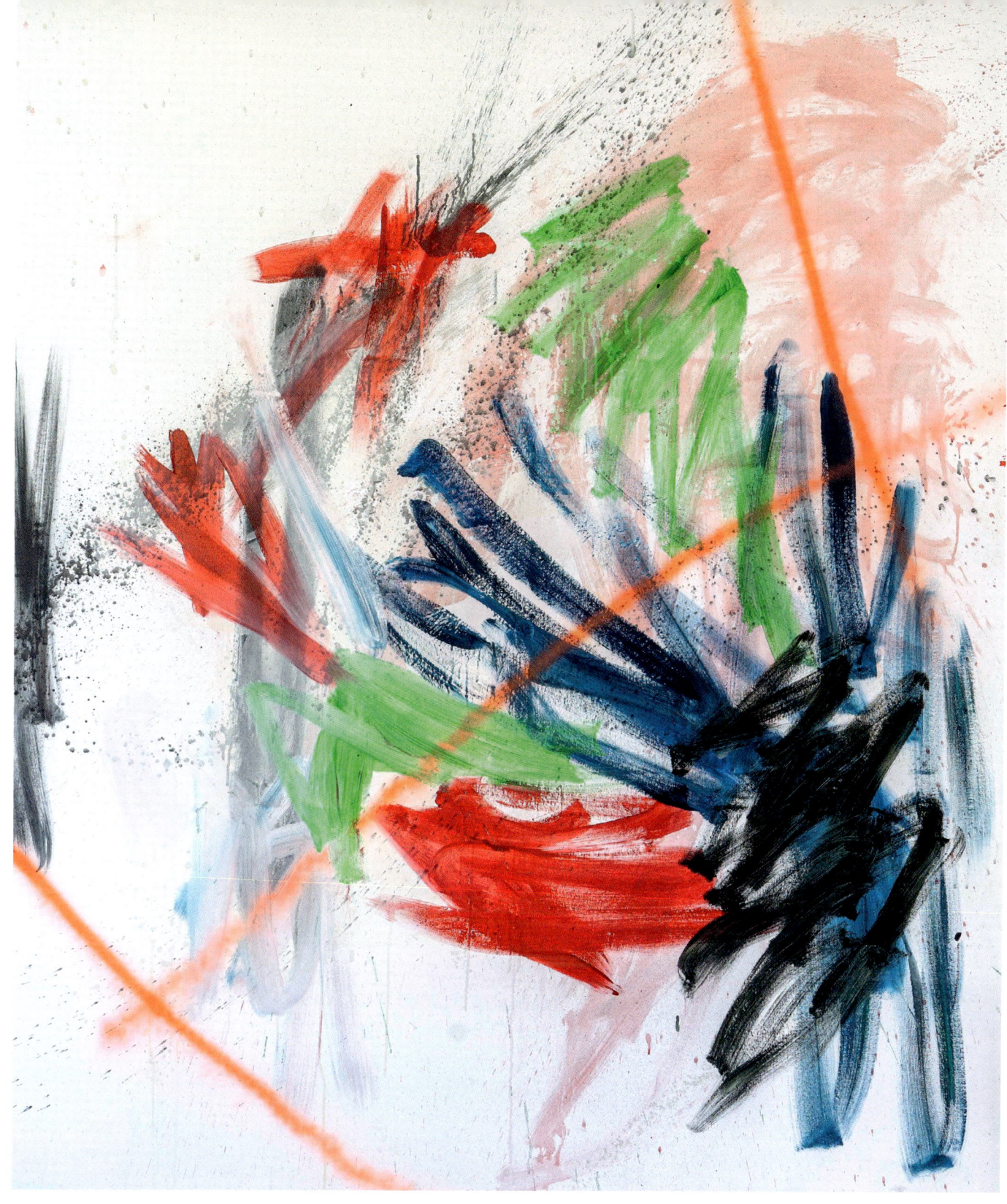

TODO QUEDA, TODO PASA
Técnica mixta sobre tela
195 x 185 cm.
2024

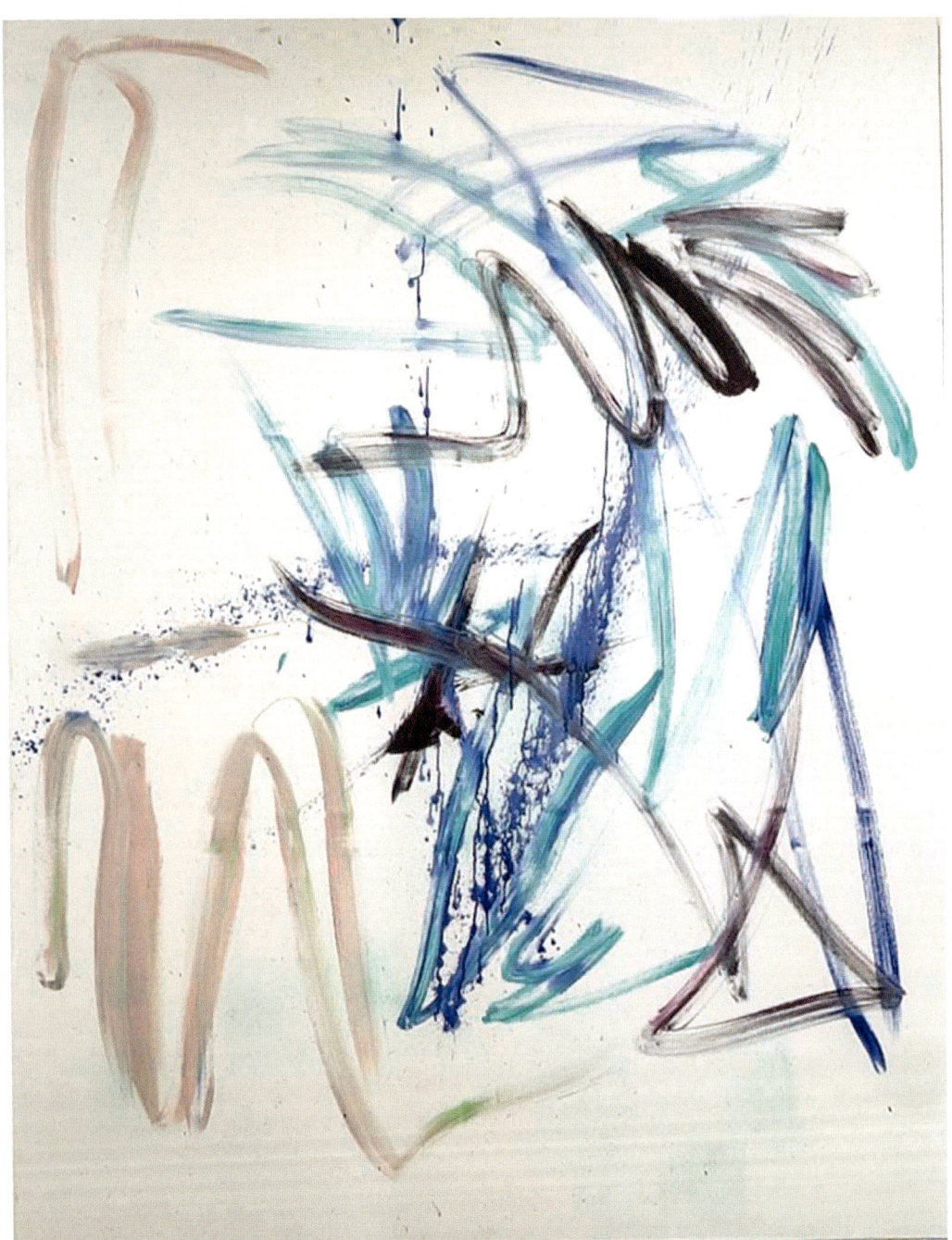

MOVIMIENTO EN AZUL; PRESENTE
Técnica mixta sobre tela
190 X 150 cm.
2024

EL PES DE LA FARINA
Técnica mixta sobre tela
215 x 185 cm.
2024

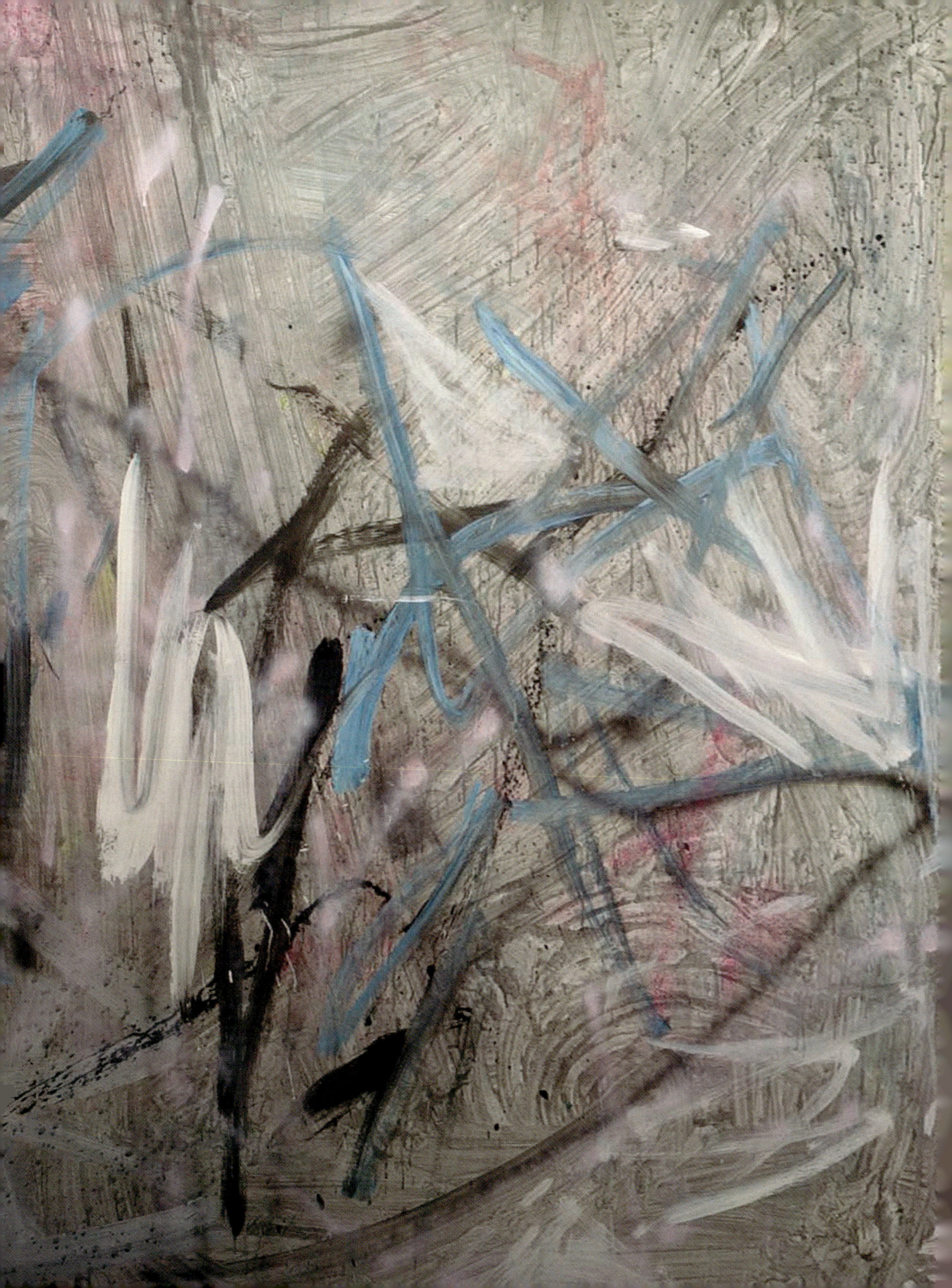

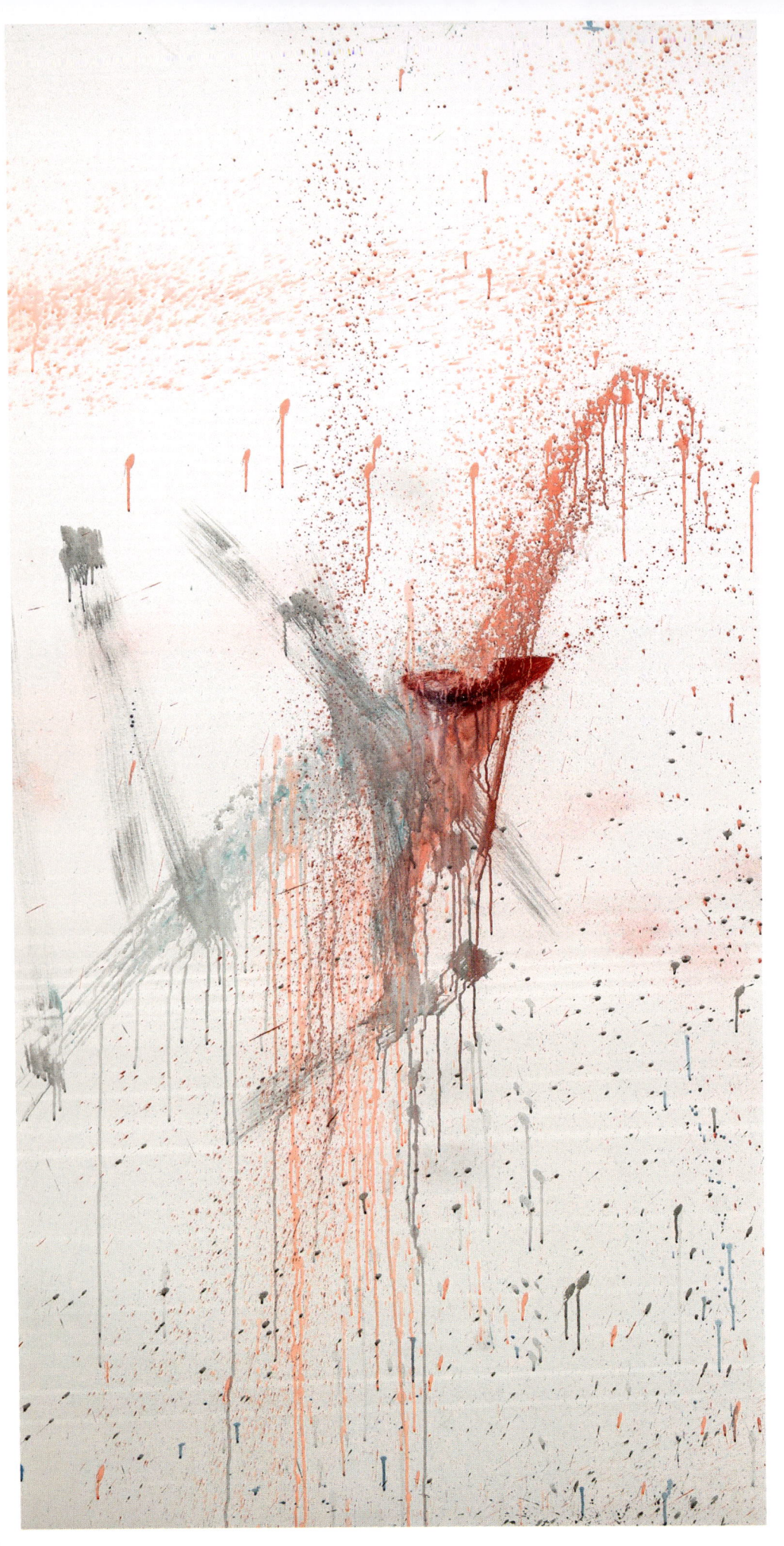

LA ERA DEL JABALÍ BLANCO: SUEÑO (detalle)
Técnica mixta sobre tela
215 x 185 cm.
2024

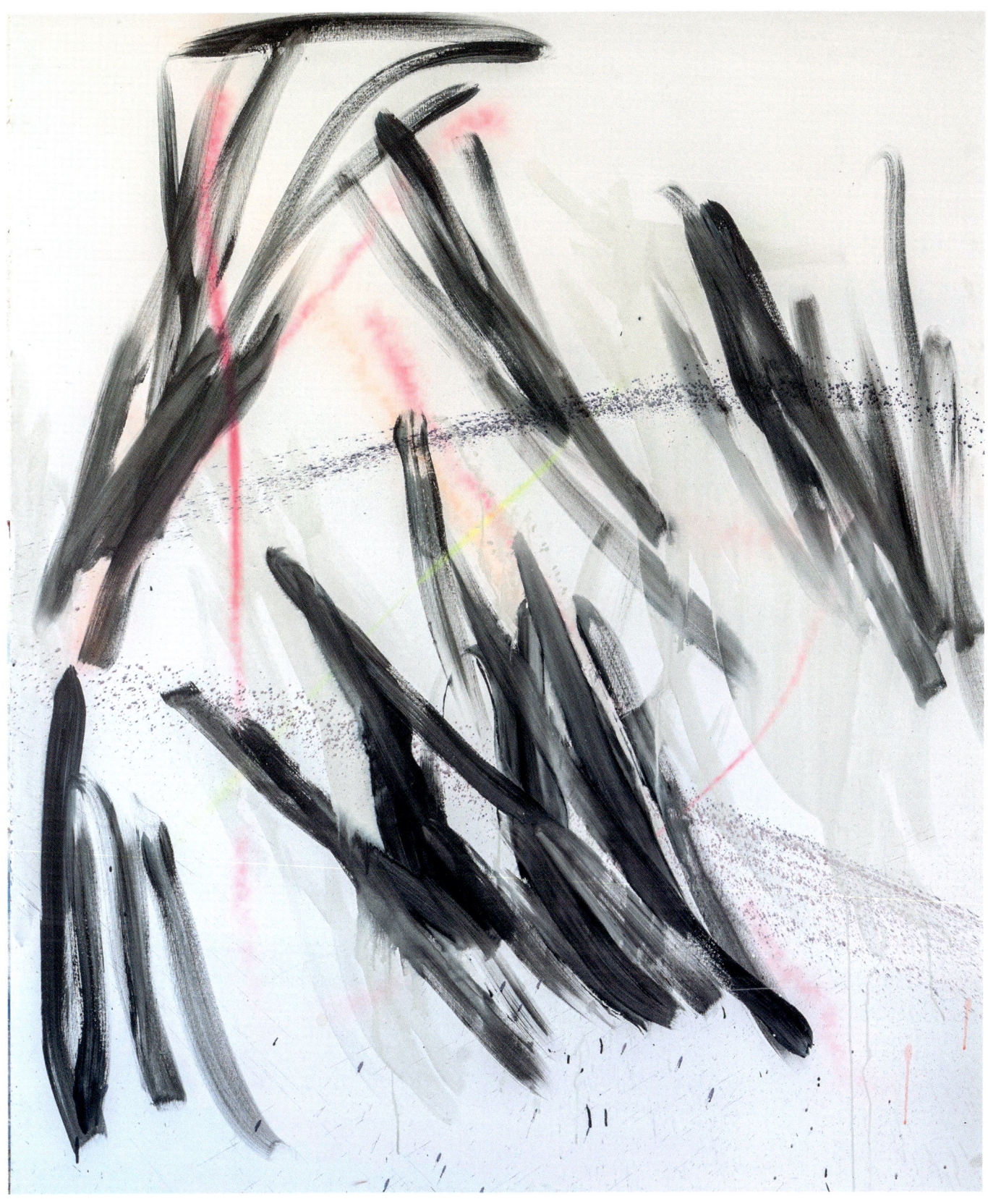

TODO PASA; TODO QUEDA
Técnica mixta sobre tela
195 X 165 cm.
2024

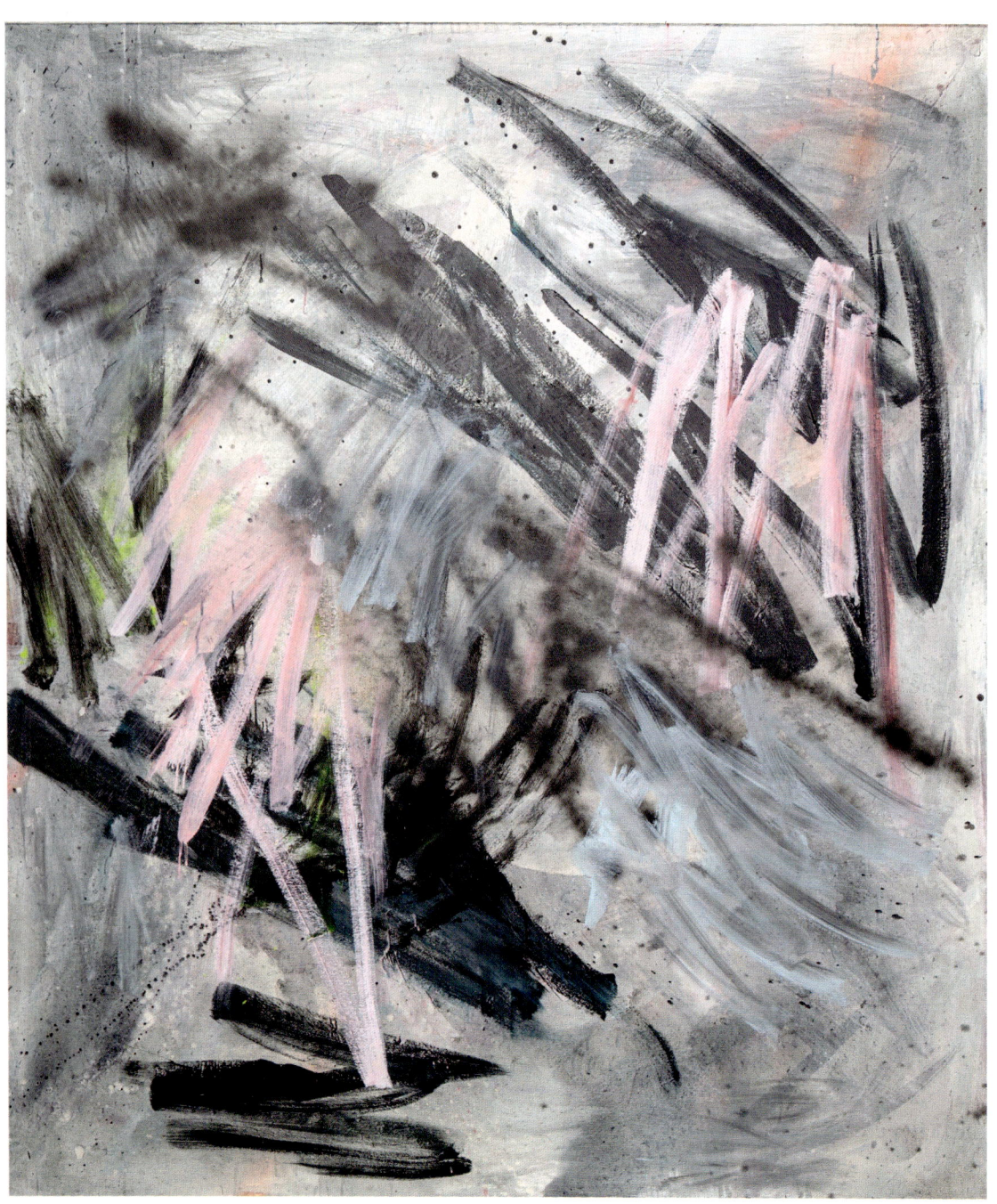

EL ALMA ESTÁ ÍTACA
Técnica mixta sobre tela
215 x 185 cm.
2024

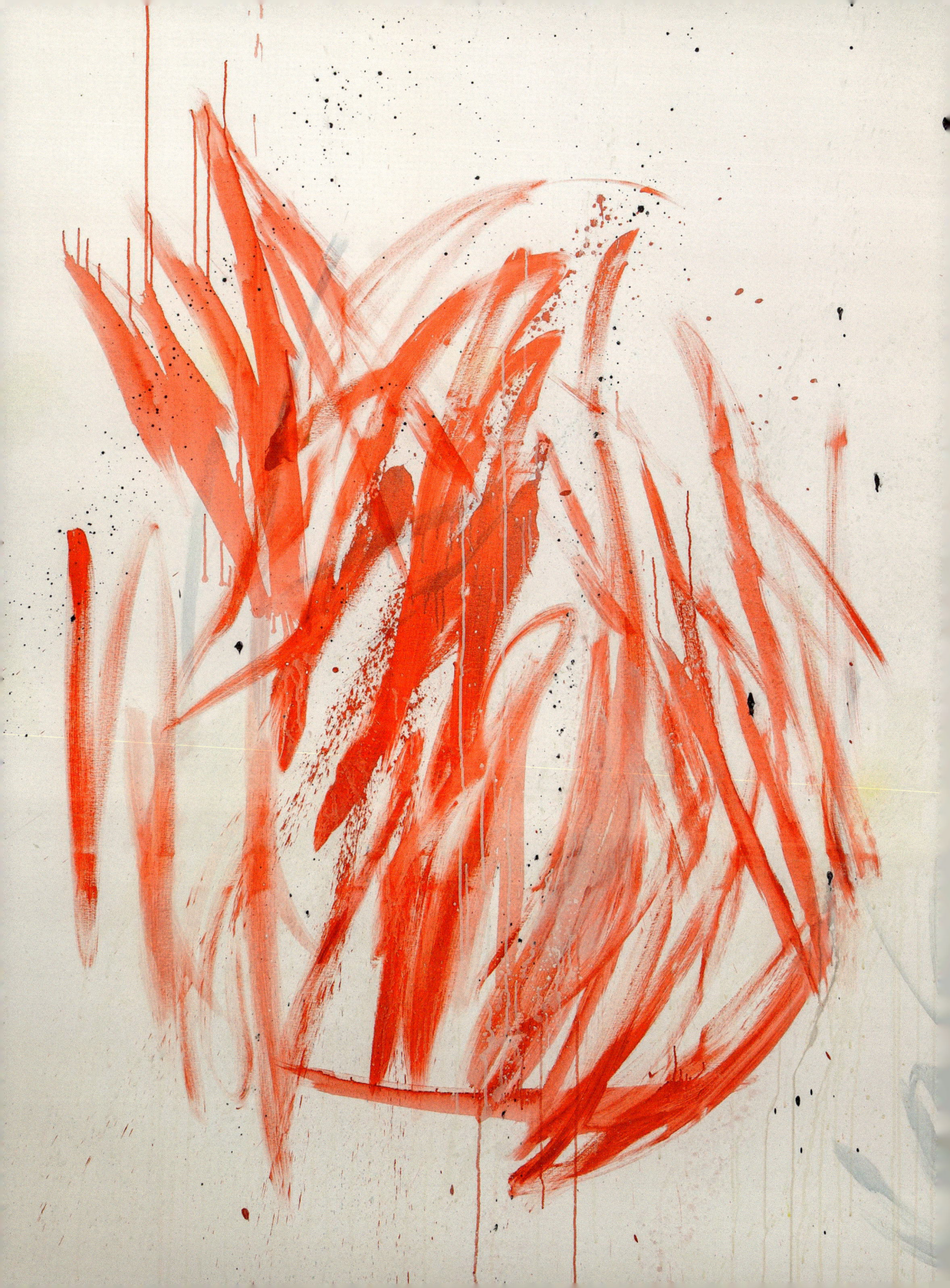

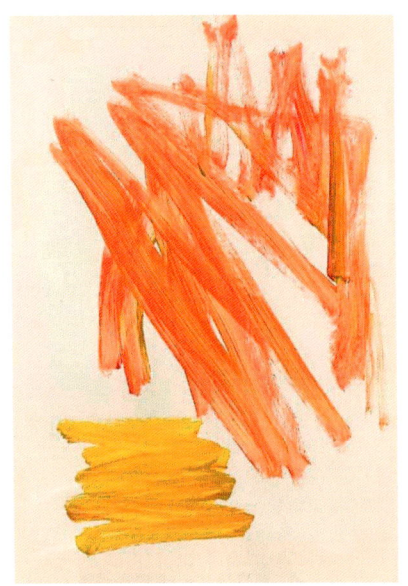

humildad

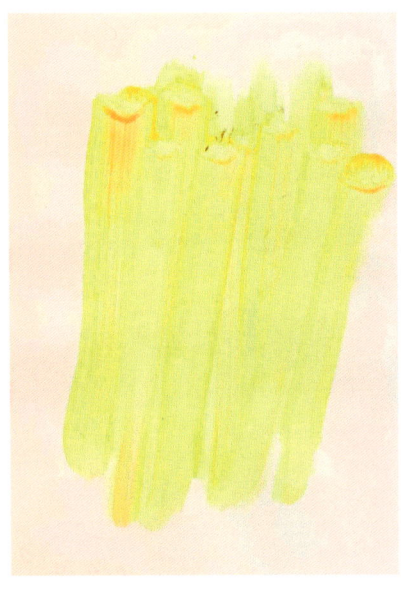

generosidad

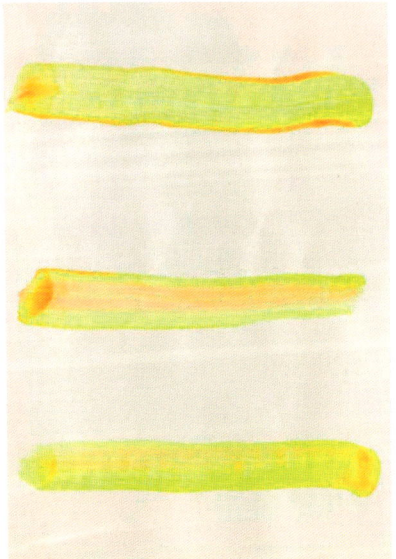

paciencia

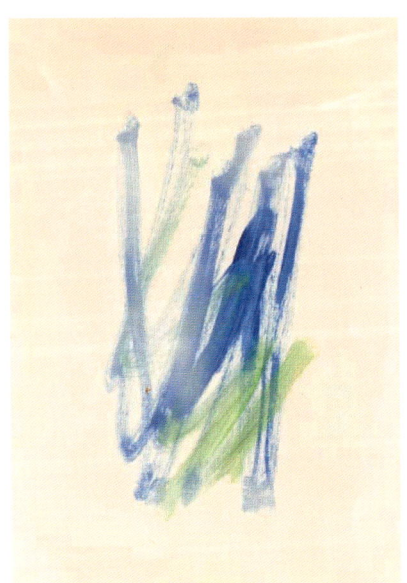

templanza

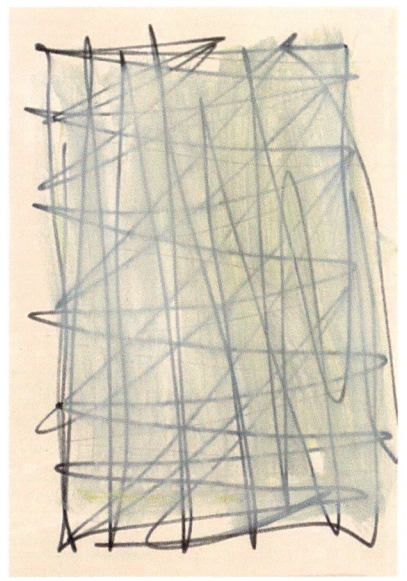

castidad

Serie de las virtudes
Técnica mixta sobre papel
29,7 x 42 cm
2023

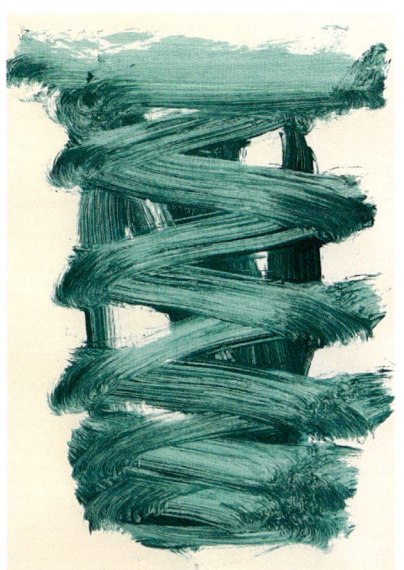

caridad

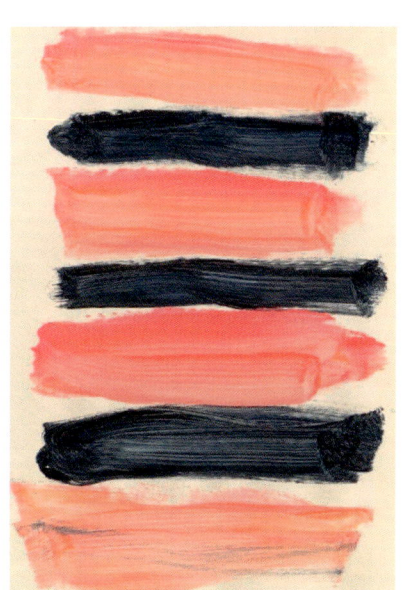

diligencia

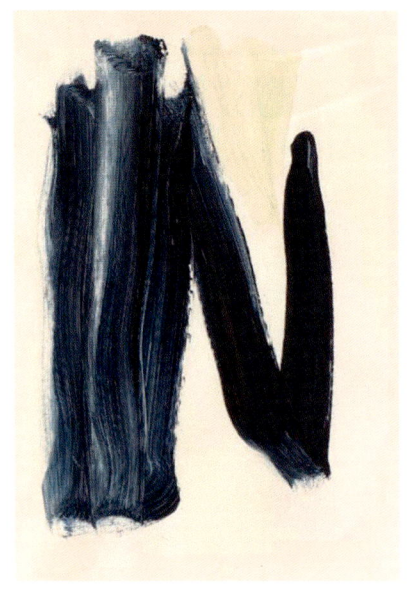

soberbia

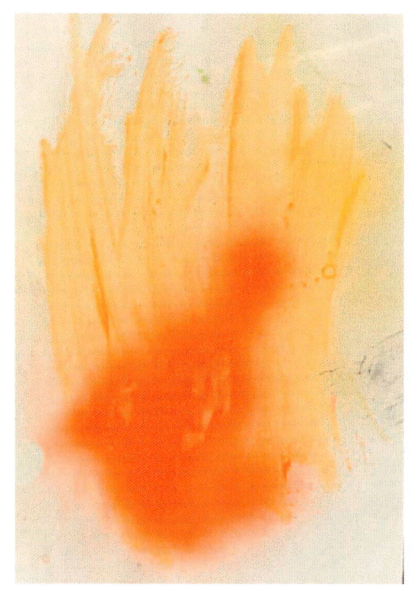

ira

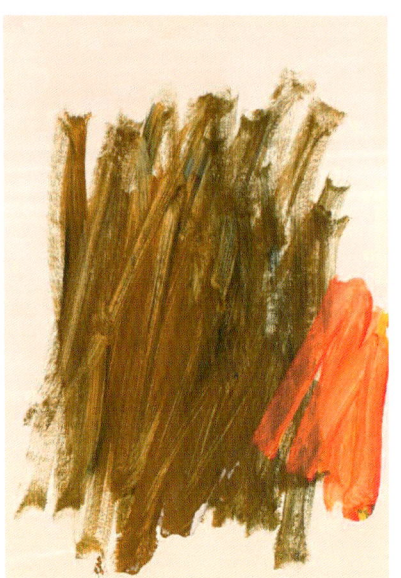

avaricia

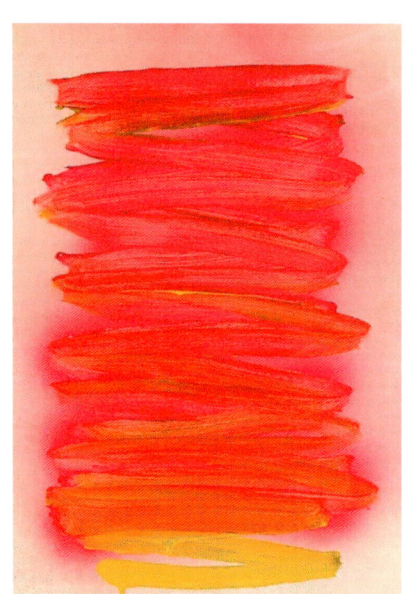

envidia

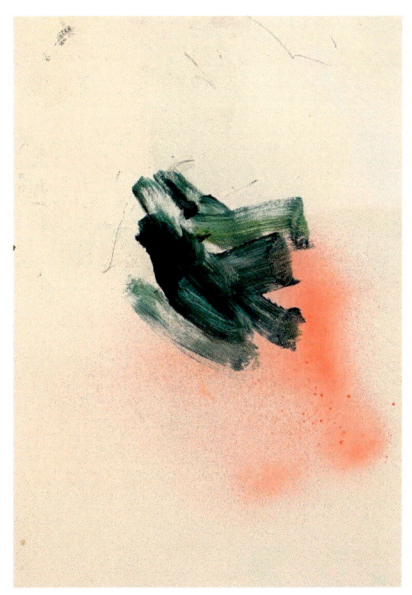

pereza

Serie de los pecados
Técnica mixta sobre papel
29,7 x 42 cm
2023

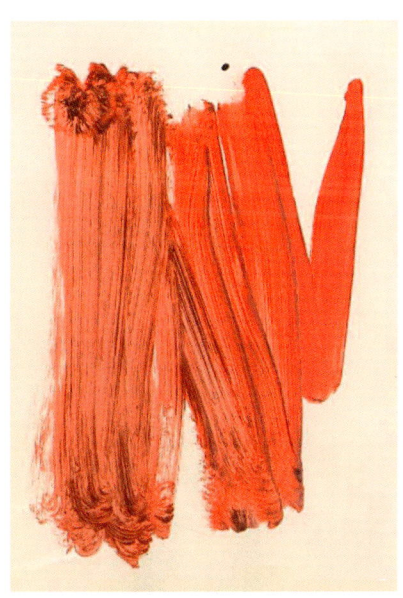

lujuria

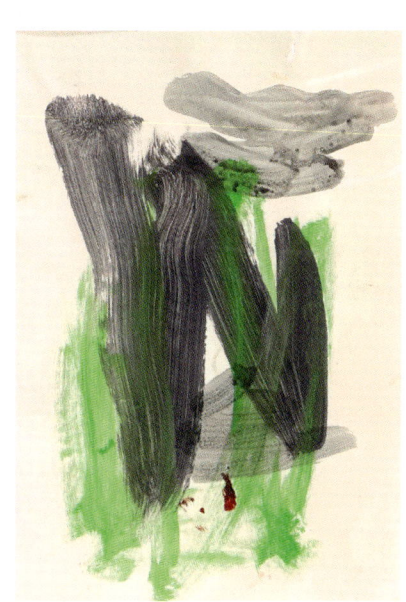

gula

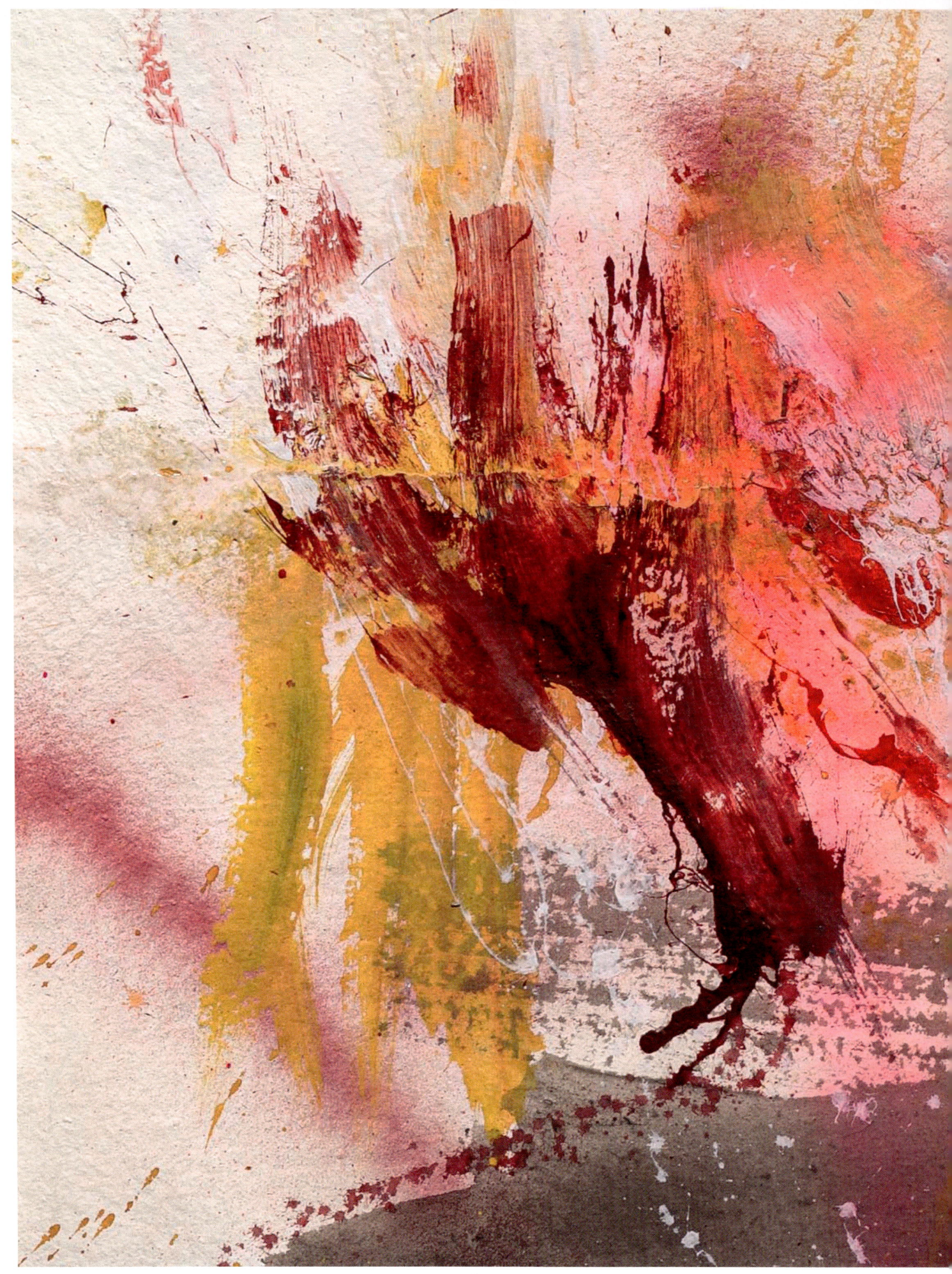

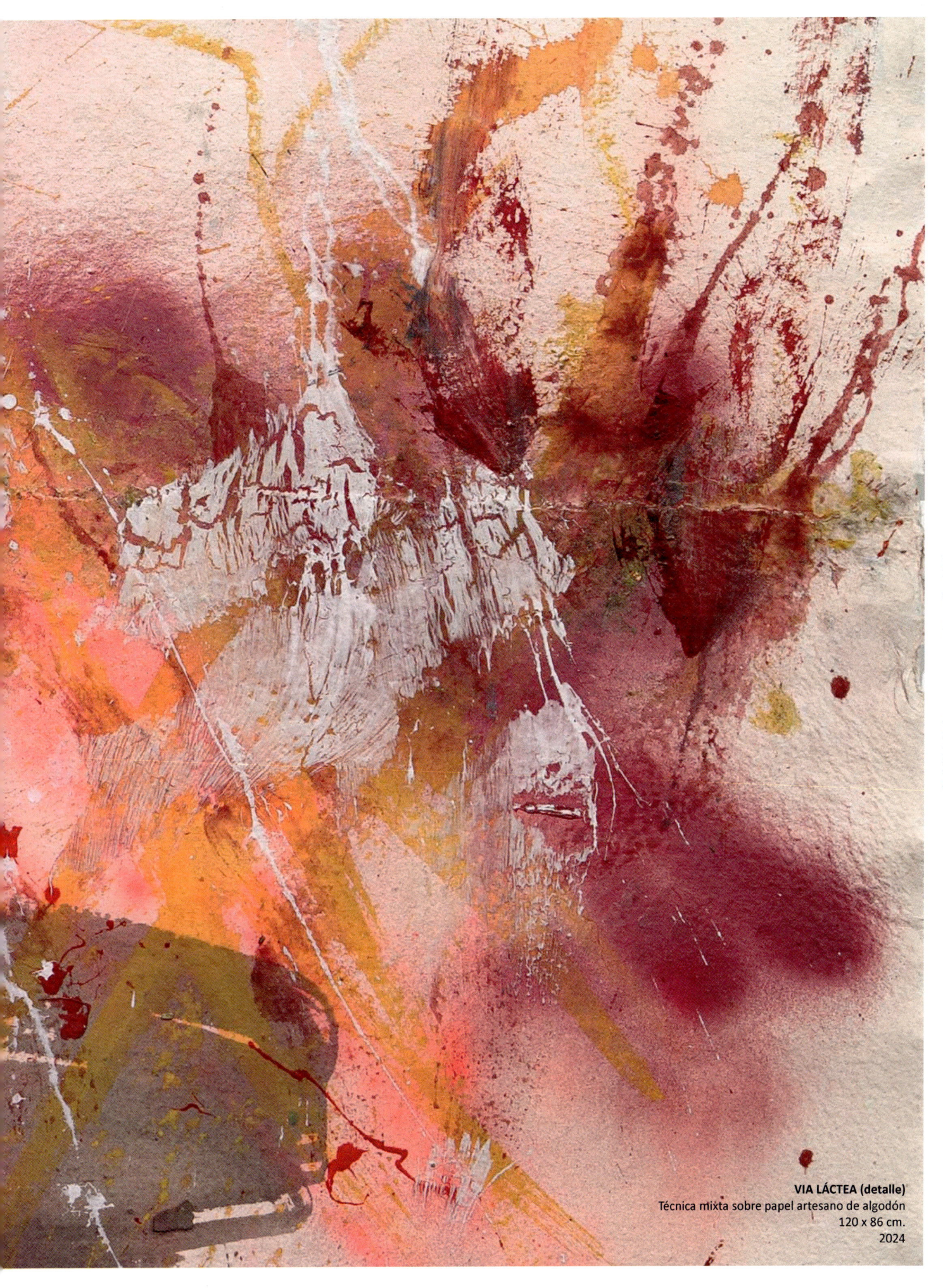

VIA LÁCTEA (detalle)
Técnica mixta sobre papel artesano de algodón
120 x 86 cm.
2024

Rebeca Plana
Albalat de la Ribera, Valencia (España), 1976

Rebeca Plana, es licenciada por la Facultad de Bellas Artes de San Carlos de Valencia
en 2000. Obtiene matrícula de honor en proyectos fin de carrera especialidad pintura.
Completa su formación en la facultad de Bellas artes de Lisboa y en el Colegio de España
en Paris. La obra de Rebeca Plana tiene un carácter altamente abstracto, a veces caligráfico,
que convida a elementos de composición estructurada con un ambiente salvaje y de
improvisación. Utilizando elementos cotidianos a modo de lienzos-objetos y llevándolos
hacia el patriarcado histórico del expresionismo abstracto.

Su obra se plantea un mundo en bruto moderno, humanista, hecho a mano a propósito, un
trabajo que viva en la cúspide de un aspecto efímero de aspecto peligroso y sin embargo
bien diseñado a un nivel inesperado, llevando a extenderlo para encontrar un nuevo uso
desconocido, para crear un trabajo en bruto y extremadamente trazado a color.
Desde que terminó sus estudios ha participado en residencias artísticas y recibido premios
y becas como la beca Hábitat Artistic (Ayuntamiento de Castellón - EACC), la beca de
residencia del Piramidon (Barcelona), la beca de la Fundación O Barco de Valdeorras
(Orense), la beca de residencia del Museo Picasso (Málaga), beca de la Fundación
Rodríguez Acosta, y premios como el Senyera de pintura de Valencia, Ateneo mercantil de
Valencia, o la mención de Honor en el premio BMW.

El trabajo de Rebeca Plana también ha sido mostrado en exposiciones individuales, en
museos y galerías, como es el caso de la Sala Gallera (Valencia), la Galería Fernando Latorre
(Madrid) o Galería Punto (Valencia), además de Colegio de España en Paris y la Real Fábrica
de Tápices. Ha participado en diversas exposiciones colectivas en espacios como el IberCaja
Zaragoza, Casa de Vacas Madrid, o la Fundación Antonio Pérez de Cuenca. También
participa activamente en ferias junto a las galerías que la representa en Ferias de Arte
Contemporáneo como JustMad (Madrid), ARCO (Madrid), Gante Artfair (Bélgica).

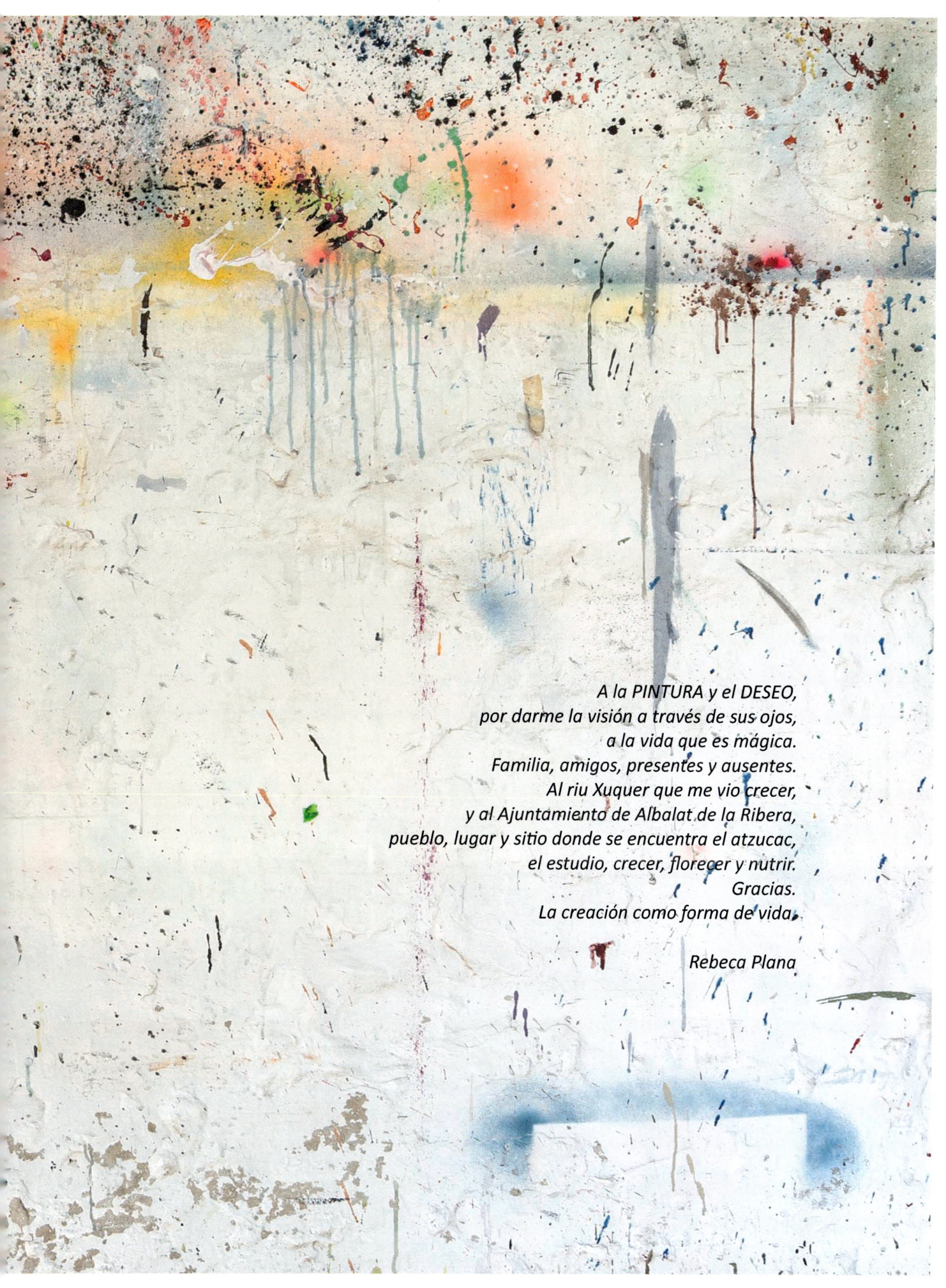

A la PINTURA y el DESEO,
por darme la visión a través de sus ojos,
a la vida que es mágica.
Familia, amigos, presentes y ausentes.
Al riu Xuquer que me vio crecer,
y al Ajuntamiento de Albalat de la Ribera,
pueblo, lugar y sitio donde se encuentra el atzucac,
el estudio, crecer, florecer y nutrir.
Gracias.
La creación como forma de vida.

Rebeca Plana